華志文化

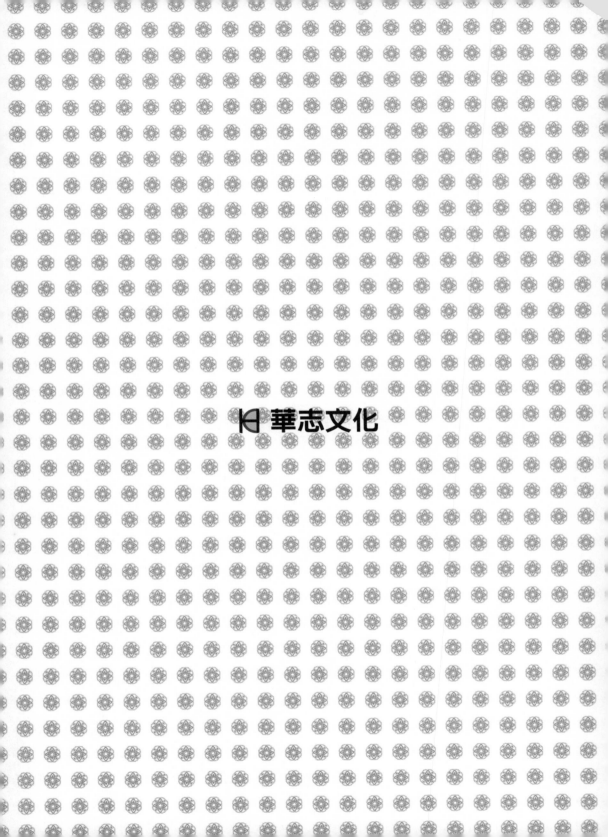

華志文化

引爆成功
的資本

序

成功者的必修課程

　　拿破崙・希爾說：「人與人之間只有很小的差異，但是這種很小的差異卻造成了巨大的差異，這種很小的差異，就是你所具備的心態是積極的還是消極的，巨大的差異就是成功和失敗的差異！」而《成功》雜誌的創辦人奧里森・馬登更被公認為美國成功學的啟蒙人和最偉大的成功勵志導師。他所撰寫的《一生的資本》、《思考與成功》等書在全世界廣為流傳。還有戴爾・卡耐基、巴爾塔沙・葛拉西安、詹姆士・艾倫、諾曼・文生・皮爾、奧格・曼狄諾、喬治・克拉森等等。面對世人的頹廢、無助、困頓、孤獨、憂慮、貧窮、失敗，他們為無數人指明了一條條通向光明、幸福、成功的大路！他們的名字在人類文明進步的史冊上閃耀著光輝，他們的思想成為億萬人渴望幸福和成功者心中的明燈。在此，我們集數位勵志大師的思想，同時從其經典著作中挑選出其精華內容，編譯成冊，以供更多渴望成功的人士學習。全書共分為五篇，每篇一個成功者必修主題，分別是資本、習慣、講話、社交、和行動，這裏面無不集合了大師們思想的精髓！年輕人的首要問題是鍛造「一生的資本」，任何人只要養成了勤勞刻苦的工作習慣，具有誠實信用的可靠人格，採取合理明智的做事方式，並藉由不斷激發自己潛能的心理訓練，就一定能夠取得成功。成功者之所以成功，不是因為他們有著多麼高的天賦和超常的才能，而是因為他們有著良好的習慣，並且善於用良好的習慣來提高自己的工作效率，進而提高自己的生活品質。他們發現，好習慣能改變命運，使自己過上富足的生活；好習慣能使身心健康，鄰里和睦，家庭美滿幸福。這一切都來源於好習慣的力

量。有了成功的良好習慣，還只是具備了成功的一個因素，在現實生活中，講話藝術也顯得尤為重要。因為說話太直、太過等有失分寸的原因，導致了許多不該有的損失；因為辦事太死板、太亂等無視尺度的原因，許多本該成功的事馬上化為烏有……所以，說話辦事得有分寸意識。第五篇內容夾敘夾議，透徹明瞭，讀後能給人一種恍然大悟的感覺！有許多才能特別突出的人，在社交方面卻顯得像個低能兒，嚴重影響事業的發展與生活的幸福。為什麼會這樣？因為有一些關於社交的關鍵道理他沒有掌握。第六篇社交篇願意與你分享這些關鍵的道理，幫助你掌握成功社交的祕密。在我們的生活中至少存在兩種類型的人：一是天天沉浸於幻想中，看不到一點行動的痕跡；二是善於把想法落實到計劃中，成為一個敢於行動的人。你屬於哪一種呢？在這個世界上，有許多人常常把失敗的原因歸罪於外部因素，而不是從自身尋找失敗的病根。這些人常常是一名幻想主義者，面對那些看不見、摸不著的東西時心動不已，總以為光憑自己的意願就能實現人生理想，就能過上自己想過的日子，就能成為一個被人羨慕的人。拋開這些特定的人不講，實際上在我們的身邊，那些天天抱頭空想自己未來的人，之所以沒有人生的進展，就在於他們都是心動的人，而不是行動的人。

成功者從馬上行動開始的最大特點就是，解決了一般人行動時常遇到的眾多困惑，提出了近百個可行性的方案。讀起來能使人精神為之一振，大有一番要立即站起來趕緊行動的欲望。在大師們的指導下，還會讓你養成良好的習慣，積極思考、持之以恒、團結合作，為成就大事業打好基礎，成為交際高手，贏得他人的讚許和認可。當然，在這一過程中，還要摒棄自身的各種缺陷、弱點。行動起來，向成功邁進吧！在編譯此書的過程中，我們參閱了數位大師的經典著作：拿破崙·希爾的《成功之路》、

《致富之道》、《思考與致富》；奧里森‧馬登的《一生的資本》、《偉大的勵志書》、《成功的品質》、《思考與成功》；史蒂芬‧柯維的《高效能人士的七個習慣》；巴爾塔沙‧葛拉西安的《智慧書》、《英雄寶鏡》；諾曼‧文生‧皮爾的《積極思考就是力量》、《人生光明面》、《獲致成功的六大祕笈》；詹姆士‧艾倫的《意念的力量》、《生命的安頓》、《命運的主宰》、《圓融的智慧》、《自信的實踐》。相信藉由閱讀本書，每一位讀者都可以找到實現夢想的捷徑，改變命運，引爆人生成功的資本！

目　錄
Contents

Part 1 第一篇

成功者一生的資本

第一章：完美人生的品質資本

正直意味著人的自尊自強及自我認識。

正直的品質有助於你快速成功

　　一位推銷員每天按照經理的吩咐向顧客介紹產品的優點，久而久之，便厭倦了這種工作方式。一天，當又有顧客光臨的時候，他在介紹產品優點的同時也介紹了產品的缺點。顧客聽完後沒說什麼就走了，經理非常生氣，決定解雇他。正當這位推銷員帶著行李要走時，剛才那位顧客又回來了，還帶了一些人，這些人都準備買他的東西，就因為推銷員是個誠實的人。

　　一個人能在所有時間裏欺騙一個人，也能在同一時間裏欺騙所有的人，但他不能在所有的時間裏欺騙所有的人。這就是人們常說的：小勝靠謀，大勝靠德。

　　一個推銷員講了他的一些經歷：

　　大學時，我曾經在一家乳品飲料公司工作，我是一名經銷商，經過努力，我的業績達到全公司最高點，並擁有一個銷售站。但是由於公司部分領導人員缺乏正直及踏實的精神，最終導致整個公司瓦解。即使如此，仍然使我學習到許多寶貴的東西，如銷售商品的技巧以及如何和他人共事，而更重要的，我瞭解到如果一個人既無能力又缺乏正直，他便非常容易失去他已經達成的成績。

　　人們進入公司工作的目的是為了要賺錢，這並沒有什麼不對，相反的，對那些不這麼打算的人反而使人感到不安，沒有任何一件事情不需要人們花錢。

　　在商言商，只要你進入商業圈，不管是職員、顧問、老闆、

合夥人或消費者都與金錢脫離不了關係。當然，家人、友情及人際關係則是建立在那些比金錢更重要的事情上。

你一旦從商，能力與正直就會變得更加重要，因為沒有一個人希望購買劣質產品，或者受到無禮的服務。當然，也沒有一個人想和那些無知、沒有技能以及不誠實的人交往。一個正直的人會在適當的時機做該做的事，即使沒有人看到或知道。亞伯拉罕‧林肯說得好：「正直並不是為了做該做的事而有的態度，而是使人快速成功的有效方法。」

🏅 道德是鋪就成功之路的基石

「德」是指一個人的品性、德行。

很難想像，一個品行不端、德行惡劣的人能結識並擁有真正的朋友，長久獲得事業的成功。很難有人能與這樣的人長期合作，因為這種人不是做單一次買賣，就是過河拆橋。在家庭中，這種人也會做出一些不道德的事情，極有可能給家人和孩子帶來痛苦。他們甚至還可能因為某種利益的驅使，鋌而走險而落入法網……

要走向成功，需要以德立身，這是一個成功者必須確立的內在標準，沒有這個內在的標準，你就會失去支撐，最終導致失敗。

但必須注意的是，以德立身，是以自律為前提，一味講「哥們兒義氣」並不在以德立身之列。俗話說：「近朱者赤，近墨者黑。」在社會上，缺德之友最終會成為自己成功路上的不定時炸彈。例如，明知這筆貸款不合手續，但因為對方是朋友，所以大開綠燈；明知這個專案不能擔保，因為受朋友的委託，最後還是辦妥了。諸如此類經濟犯罪案件多發生在缺德的人身上，他們重

朋友、講義氣，交往中自以為彼此很瞭解底細，因而在合作中絕對信任對方，毫無防備，不能辦的事也不好意思拒絕，這樣，如果被缺德之人利用，必然會毀了自己的前程。

　　其實，以德立身貫穿於一個人的人生全過程。在人生的不同階段，道德對於人的要求雖有著不同的變化，每個人體驗和經歷的內容也不一樣，但是，「以德立身」的人生支柱是不變的，它對每個人的人生大廈起著支撐作用的定律是永遠不變的。

　　富蘭克林是美國資產階級革命時期的民主主義者、著名的科學家，一生受到人們的愛戴和尊敬。但是，富蘭克林早年的性格非常乖戾，難以與人合作，做事常常碰壁。

　　為了改變自己，富蘭克林在失敗中總結經驗，他為自己制訂了十三條行為規範，並嚴格地執行。他很快為自己鋪就了一條通向成功的道路：

1.節制：食不過飽，飲不過量，不因為酗酒而誤事。

2.緘默：不利於別人的話不說，不利於自己的話不講，避免浪費時間於一些瑣碎閒談之中。

3.秩序：把日常用品都整理得井井有條，把每天需要做的事排出時間表，辦公桌上永遠都是井然有序。

4.決斷：必須履行你要做的事，必須準確無誤地履行你所下定的決心，無論遇到什麼情況都不改變計劃。

5.節約：除非是對別人或是對自己有什麼特殊的好處，否則不要亂花錢，不要養成浪費的習慣。

6.勤奮：不要浪費時間，永遠做那些有意義的事情，拒絕去做那些沒有意義的事情，對於自己的人生目標永遠持之以恒。

7.真誠：不虛偽不欺詐，做事要以誠摯、正義為出發點，如果你要發表意見，必須有憑有據。

8.正義： 不傷害或者忽略別人。

9.平和： 避免極端的態度，克制對別人的怨恨情緒，尤其要克制自己的衝動。

10.整潔： 保持身體、衣服或住宅的清潔。

11.鎮靜： 遇事不慌亂，不管是一些瑣碎小事還是不可避免的偶發事件。

12.貞潔： 要清心寡欲，除非是有益於身體健康或者是為了傳宗接代，否則儘量少行房事。絕不做干擾自己或別人安靜生活的事，或有損於自己和別人名譽的事情。

13.謙遜： 一定要向耶穌和蘇格拉底學習。要抵擋得住享樂的誘惑，要抵擋得住金錢的勾引，不要有非分之想，就不可能有任何誘惑和利益使你去做你明知道是邪惡的事情。

這樣你將會終生快樂，良心是永恒的耶誕節。道德是鋪就成功之路的基石，按照富蘭克林的辦法，你不妨試試。

🏛 人格的力量是無窮的

對於一個人來說，無論他取得的成就有多大，最令他驕傲和欣慰的事就是他從來沒有不良的工作紀錄。

為什麼林肯總統有那麼高的聲望，為什麼他的人格受到美國人民甚至是全世界人民的敬佩與讚賞呢？那是因為他一直盡心盡職地工作著，從來都沒有不良的工作紀錄，當然他也不做有損自己聲譽的事情。無論是在哪個國度，不論是哪個時期，不論是你家財萬貫的富翁還是一貧如洗的窮人，不論你是高官顯赫還是一介平民，有一點你必須承認——人格的力量是無窮的，它在人類

文明發展史上的作用也是巨大的。

　　當一個人發現自己對社會意味著什麼，當他意識到自己所做的一切都不是為了沽名釣譽，當他全身心投入到為人類謀福利的事業當中去的時候，他就成了世界上一個了不起的人，一個重要的人。現在困擾許多人的問題是他們覺得自己除了代表自己的利益以外，他們並不代表其他什麼。也許他們中的許多人都接受過良好的高等教育，都有豐富的專業知識或者是一技之長，但是他們卻很自私。他們只為自己而活。這使他們的人格魅力大打折扣。

　　要找到一個有豐富的專業知識、並且在行業中聲名顯赫的律師或者醫生並不難，但是要找到一個一直兢兢業業工作、從來沒有不良記錄的律師或者醫生卻很難；要找到一個成功的商人很容易，但是要找到一個把人格置於生意之上的商人卻很難。這個社會，這個世界需要的是這樣的人？他不僅有一技之長，他更要堅守做人的原則，他能意識到自己對社會意味著什麼，他能感受到自己所做的工作對社會的價值。

　　羅斯福總統年輕的時候就下定決心絕對不做有損自己聲譽的事情。在他工作的時候，在他結交朋友的時候，在他的日常生活中，他從來不允許自己做出有損自己名聲的事情，即使那樣會讓自己失去部分財富，失去一些朋友，他也在所不惜。在他成為美國歷史上政績顯赫的總統前他就是這樣要求自己的。

　　在他的政治生涯當中，他有很多發大財的機會，只要他不那麼正直，不那麼秉公執法，只要他稍微利用一下自己的政治地位和權力。但是羅斯福沒有這麼做，他從來不會做違背良心和有損聲譽的事情。他不想讓自己的政治生涯史上有任何的不良紀錄、任何的污點。如果在某一個職位上就必須放棄自己做人原則的話，他寧可放棄那個職位。他不允許自己去拿一分來路不明或者

不乾淨的錢。儘管這樣他會得罪很多人，也會給自己製造很多麻煩，但是他依然堅守自己做人的原則。事實上，很多人雖然記恨他的「不給情面」，但是卻又非常敬佩他的正直和誠實。

對於每一個人來說，有些東西是必須堅守的，是不能被賄賂的，是不能被收買的，而且在必要的時候你還要用生命去捍衛它。

一個人如果堅持自己的做人原則，忠於自己的理想，那麼他永遠都不會成為失敗者，即使他不是聲名顯赫，即使他沒有腰纏萬貫，他也是值得肯定和尊敬的。

在林肯做律師的時候，他曾被要求庇護他的當事人，可是他拒絕這樣做，他說：「如果我真的這樣做了，我在法庭上會一直忐忑不安的，我會想自己在撒謊，我在犯錯甚至是在犯罪，法庭不允許我這樣做，我自己也不能容忍這樣的行為。」

在日常生活中，一個人的人品常常被很多人忽略。他們看一個人往往看他是否精明能幹，是否聲名顯赫，但是他們卻很少強調這個人是否誠實，是否正直。顯然他們並沒有把一個人的人品放在重要的位置上。很多人非常敬佩那些誠實、正直、勇敢的人，可是他們自己卻很少要求自己這樣做。就好像很多商人其實知道做生意應該講信譽和實力，可是他們卻往往靠欺瞞、誇大事實和其他伎倆來賺錢。一個人的人品是非常重要的，也是其他東西無法代替的。金錢財富、地位權力都無法彌補一個人人格上的缺陷。一個人不論他多富有，也不論他有多大的權力，如果在他的人品中找不到誠實與正直，那麼他就永遠不可能成為一個真正的成功者。當人們提到他的名字時，即使有羨慕之心。也不會有敬佩之情。

有些商人成為了大富翁，可是他們卻難以得到員工的愛戴和崇敬，因為這些富翁在金錢和物質財富上雖然佔有優勢，但是他

們在人格上卻處於劣勢。他們唯利是圖，很少真正設身處地為自己的員工考慮，而且有時候他們甚至不惜借用卑劣的伎倆為自己謀取財富。人們向來尊重那些人格高尚的人。誠實正直的人即使沒錢財，沒權位，也同樣會受到人們的愛戴。當然你也沒有必要完全贊成這個觀點。

卡爾・舒爾茲是一個愛憎分明的人。雖然他常常改變自己的政治觀點，但是有一點是他周圍的每一個人都確信的，那就是他絕對不會背叛他的朋友和他的政黨。這也是他做人堅守的原則。因而他受到很多人的愛戴。在他年輕的時候，他僥倖逃出了德國的監獄，並且流亡到另外一個國家。而在那個新的國度裏，他又因為從事革命運動而被逮捕。可是威廉一世一直都很器重他的誠實和勇敢，依然邀請卡爾回到德國，而且還公開宴請他，給他很高的嘉獎。

對於一個人來說，只有當他是個誠實正直的人的時候，他才可能獲得真正的成功。雖然很多不正直的人可以成為百萬富翁，可以獲得很大的權力，可是那又怎能算是一種真正的成功。就好像一個小偷順利地偷到了別人的錢，你能說他獲得了成功嗎？可是不知道為什麼，當你拿到這些錢的時候，總有一種心神不寧的感覺，總為自己做過的事而感到不安。

遇到這樣的情形，人們常常會這樣想：離開吧，離開那份讓人良心不安的工作吧。不論老闆給你多少錢，你都應該堅持自己做人的原則。因為你賺的每一分錢都應該是正大光明的，而不是違背良心的。大膽告訴你的老闆，你不會接受任何有問題的工作，因為你絕對不允許自己去賺昧心錢，絕對不想出賣自己的真誠和正直。

不論你從事什麼工作，你都應該堅持自己，你不能僅僅因自己是一個律師、醫生、商人或者農民等等就放縱自己。你必須記

住：一個人首先應該是一個堂堂正正的人，並且一生都要為之不懈地努力奮鬥！

第二章：完美人生的身體資本

聰明的將軍，不會在軍士疲乏、士氣不振時，統率他們去應對大敵。他一定要秣馬厲兵，充足給養，然後才去參加大戰。

◎ 失去健康，失去一切

儘管擁有健康並不能擁有一切，但失去健康卻會失去一切。健康不是別人的施捨，健康是對生命的一種執著追求。

很少有人能夠徹底明白體力與事業的關係是怎樣的重要，怎樣的密切。人們的每一種能力，每一種精神機能的充分發揮，與人們的整個生命效率的增加，都有賴於體力的旺盛。

體力的旺盛與否，可以決定一個人的勇氣與自信心的有無；而勇氣與自信，是成就大事業的必需條件。體力衰弱的人，多是膽小、寡斷、無勇氣的。要想在人生的戰場中得到勝利，其中一個先決條件，就是每天都能以一種體強力健、精力飽滿的狀態去對付一切。然而有些人卻以一個有氣無力、半死半活之軀從事於工作，其不能得到勝利，又何待言！

對於整個生命所繫的大事業，你必須付出你的全部力量才能成功。只發揮出你的一小部分的能力從事工作，工作一定是做不好的。你應該以一個精強、壯健、完全的「人」去從事工作，工作對於你，是趣味而非痛苦；你對於工作，是主動而非被動。假如你不知呵護而以一個精疲力竭的身體去從事工作，你的工作效率自然要大減。在這種情形之下，你所做的一切，將都帶著「弱」的記號，成功是難以得到的。

許多人就失敗在這點上——從事工作、進行事業時，不能發

揮出全部的力量——一個活力低微、精神衰弱、心理動搖、步履不定、情緒波動的人，自然不能成就出什麼了不起的事業來。

聰明的將軍，不會在軍士疲乏、士氣不振時，統率他們去應對大敵。他一定要秣馬厲兵，充足給養，然後才去參加大戰。

一個人有大志，有堅定的自信，而同時又具有足以應對任何境遇、抵擋任何事變的旺盛的體力，則他一定能夠從那些阻礙體弱者努力的煩悶、憂慮、疑懼等種種精神束縛中解脫出來。旺盛的體力可以增強人們各部分機能的力量，而使其效率、成就較之體力衰弱的時候大大增加。強健的體魄，可以使人們在事業上處處取得成效、得到幫助。

凡是有志成功、有志上進的人，都應該愛惜、保護體力與精力，而不讓它有稍許浪費於不必要的地方，因為體力、精力的浪費，都將可能減少你成功的可能性。

世間有不少有志於成大事的人，因沒有強壯的體力為後盾，以致壯志未酬身先死。然而與之相反，有著強壯的體力的人卻不知珍重，任意浪費在無意義、無益處的地方，而摧毀了珍貴的「成功資本」。

假如美國的羅斯福總統，當初對於身體不曾加以注意與補救，他的一生，恐怕是要成為一個可憐的失敗者吧！他曾經說：「我是一個體弱多病的孩子。但我後來決意要恢復我的健康，我立志要變為強健無病的人，並竭我全力來做到這點。」

健康的維護，有賴於身體中各部分的均衡運轉，而「成功」的取得，又有賴於身體與精神兩方面的均衡發展。所以你必須盡一切努力，以得到身體上的平衡，而身體上的平衡得到以後，則精神上的平衡也就相應得到了。人們得病的部分原因，是由於身體各部分的發展不均衡。例如，對於某一部分的細胞不需要過度的刺激與活動；而有些部分的細胞，則嫌刺激、活動太少。總之

均衡的發展對一個人很重要。

身心不斷地活動，是去病健身的最好方法。要維持健康，必要的運動絕對是前提。

一位著名的英國醫師曾說，人要想長壽，必須要做到除了睡眠時間以外使腦部不斷活動。每個人必須於職業、工作之外找一種正當嗜好。職業給他以生活資本，嗜好則給他以生活樂趣，可以使他在愉快、高興的心情下，活動其精神。「行動」的意義等於「生命」，而「靜止」則等於「死亡」！

🎖 有健康才有未來

一個人要想成就大業，賺大錢，除了才幹、機運之外，還有一點更加重要，那就是健康！

當一個人年輕時，身體好精神足，可以整夜不睡覺，所以還沒有「健康」兩個字的概念，等到了一定的年紀，就會慢慢地體會出「健康」的可貴。一般來說，人身體的發育到二十五歲左右就停止了，換句話說，要開始衰老了，就好比一個人爬上了峰頂，要開始走下坡一樣。

一個人身體的變化是一種生理規律，誰都無法阻擋。但對於事業來講，大部分人都是在四、五十歲這一階段取得成功的，這恰好是人的身體由盛轉弱的時期。那些平時注重身體保養與健身的人，這時可能會嘗到了甜頭，而那些只顧拚命，不管身體的人會吃到苦頭。更令人悲哀的是，有的人可能正值事業的巔峰，卻大病纏身，一命嗚呼。要是早知如此，他們平時一定會注意自己的身體。

一個人賺錢除了滿足自己的成就感之外，就是為了讓自己生活得更好一點，如果只顧賺錢，並賠上自己的健康，那是很不值

3.每天洗一次盆浴或淋浴，保持乾淨和整潔。

4.移居佛羅里達州，那裏的氣候有益於健康和長壽。

5.有規律地生活。每天到戶外從事自己喜愛的運動——打高爾夫球，吸收新鮮空氣和陽光；定期做室內的運動、讀書和其他有益的活動。

6.飲食有節制，細嚼慢嚥。不吃太熱或太冷的食物，以免燙壞或凍壞胃壁。

7.汲取心理和精神的維生素。在每次進餐時，都說文雅的語言，還與家人、祕書、朋友一起讀勵志的書。

8.雇用畢格醫生為私人醫生（他讓洛克菲勒身體健康、精神愉快、思維活躍，愉快地活到九十七歲高齡）。

9.把自己的一部分財產分給需要的人共用。

洛克菲勒起初的動機還是從自利的角度考慮，他分財產給別人，只是為了換取良好的聲譽。但無意中卻收到了一種他未曾預料的效果：他藉由向慈善機構捐獻，把幸福和健康送給了許多人。在他贏得聲譽的同時，他自己也得到了幸福和健康。他所建立的基金會造福於後人。

第三章：完美人生的才學資本

　　對一個人來說，誠實敬業、盡善盡美地去做好每一件事，是他在這個世界上最好的一種廣告。

◎ 優秀的品質令你更完美

　　喬治·格雷厄姆是倫敦一個很有名氣的鐘錶商。一天，來了一位顧客，在他的舖子裏精心挑選了一只手錶，但仍然不放心，就問格雷厄姆，手錶的精確度怎樣。

　　「先生，這只錶的製造和對時都是我親手完成的，」格雷厄姆回答他，「你只管放心拿去用。七年以後你來找我，如果那時候時間誤差超過五分鐘，我一定把錢退給你。」

　　過了七年，果然，當年的那位先生從印度回來了，他又來到格雷厄姆的舖子裏找他。

　　「先生，」他說，「我把你的錶帶回來了。」

　　「我記得我們的條件，」格雷厄姆說，「把錶給我看看。哦，怎麼了？有什麼地方不好？」

　　「是這樣，」顧客說，「我已經用了七年，它的誤差超過五分鐘了。」

　　「真的？如果是這樣，我就把錢退給你。」

　　「除非你付給我十倍的價錢，」顧客說，「不然我不退。」

　　「不管你開什麼條件，我都不會食言的。」格雷厄姆回答。

　　把錢付給了那位先生，換回了那只錶，留著自己校準時間用。

　　格雷厄姆先生的手藝是向塔彼溫先生學的，塔彼溫先生是當時倫敦——也許是全世界——做工最精細的機械師。一座時鐘上

如果刻上了他的名字，那就是品質優異、分秒準確的標誌。有一次，一位顧客拿了一只刻了他名字的錶找他修理，錶上雖然刻了他的名字，但實際上卻是冒牌貨。塔彼溫二話不說，拿起錘子把錶砸了個粉碎。看著顧客目瞪口呆，他拿出一只自己製作的手錶遞給他，說道：「先生，這才是我的產品。」

格雷厄姆先生一生有很多發明，他發明的太陽系儀、司行輪、水銀鐘擺等，後人一直都在使用，到現在幾乎也沒有什麼改進。他為格林威治天文臺製作了一座大鐘，到現在走時已經超過一百五十年還是性能良好，只是每走十五個月需要調時一次。由於塔彼溫和格雷厄姆的工作達到了盡善盡美的至高境界，最後他們都葬在了西敏寺。

「給我做一柄最好的錘子，要那種你能做得最好的，」在紐約州的一個小村莊，一個木匠對鐵匠說，「我們有六個人來這裏工作，卻把錘子忘在家裏了。」

「我能做得出的最好的錘子？」鐵匠戴維．梅多爾滿腹狐疑地問，「你會出那麼高的價錢嗎？」

「會的，」木匠說，「我需要一柄好錘子。」

鐵匠最後交給他的，確實是很好的一柄錘子，也許從來就沒有哪柄錘子比這柄更好。錘頭的孔比一般的錘子要長，錘柄可以深入模的孔裏，這樣，在使用的時候錘頭就不會脫柄飛出去。木匠對這項改進讚不絕口，不住地向同伴炫耀他的新工具。第二天，他的那些同伴都跑到鐵匠舖，每個人都要訂製一柄一模一樣的錘子。這些錘子訂做好以後，又讓他們的工頭看見了。於是，工頭也來給自己訂了兩柄，而且要求比前面訂製的更好。「這我做不到，」梅多爾說，「每次我做什麼的時候，都是盡可能把它做好，我不會在意主顧是誰。」

一個五金店老闆一下子訂了兩打，這麼大的定單，梅多爾以

前從來沒有接過。紐約的一個商人來村子裏兜售他的貨物，看到五金店老闆已經訂做好的錘子，把它們全部買走了，還留下了一個長期定單。梅多爾其實只要按照已有的技術標準做下去，很快就能發大財；但在整個漫長的工作過程中，他總是在想辦法改進每一個細節。儘管這些錘子在交貨時並沒有什麼「品質優秀」的標籤，但只要在錘子上刻有「梅多爾」幾個字，就意味著它的品質達到了世界頂級水平。

對一種商品來說，品質好、性能優越是世界上最好的廣告。

善於自嘲

人的一生，總會有很多不如意、失落，甚至會有那麼幾次感到絕望。每一個人也難免會失誤或存在缺陷。而最佳的方法是——嘲笑自己。

美國著名演說家羅伯特，頭禿得很厲害，在他頭頂上很難找到幾根頭髮。在他過六十歲生日那天，有許多朋友來給他慶賀生日，妻子悄悄地勸他戴頂帽子。羅伯特卻大聲說：「我的夫人勸我今天戴頂帽子，可是你們不知道光著頭有多好，我是第一個知道下雨的人！」這句嘲笑自己的話，一下子使聚會的氣氛變得輕鬆起來。

有了自卑感的人，心理就容易失衡，但是我們從不少人身上發現，人有了自卑感，同時也會產生一種不斷地彌補自己的弱點的本領。往往自卑感越強的人，這種補償作用也就越明顯。

美國第十六任總統林肯從小就有自卑感，他就是藉由自嘲來克服自卑，培養自己的自信的。

大家都知道林肯長相醜陋，可是他不但不忌諱這一點，相反，他常常詼諧地拿自己的長相開玩笑。在競選總統時，他的對

手攻擊他兩面三刀，耍陰謀詭計。林肯聽了指著自己的臉說：「讓公眾來評判吧，如果我還有另一張臉的話，我會用現在這一張嗎？」還有一次，一個反對林肯的議員，走到林肯跟前挖苦地問：「聽說總統您是一位成功的自我設計者？」「不錯，先生。」林肯點點頭說，「不過我不明白，一個成功的自我設計者，怎麼會把自己設計成這副模樣？」

　　一個人生理缺陷越大，他的自卑感也就越強，正是這種自卑感推動林肯走向成功，而自嘲就是他超越自我的工具。

　　某國一位領導人最愛講一個有關他本人的笑話：「一位總統有一百個保鏢，其中一個是恐怖分子，但很不幸，他不知是哪一個。」接著他嘲笑自己改革經濟所做的努力，「而我有一百個經濟專家，其中有一個是很聰明的，但很不幸，我卻不曉得是哪一個。」

　　無論是生活、工作、愛情，我們都會有許多不如意，但是我們不能就此放棄，從而陷入低迷頹廢的狀態之中而不能自拔。我們需要一種解脫與超越能力，用自嘲來幫助你把心情變好。

第四章：完美人生的魅力資本

熱情有禮的舉止有如和暢的春風，它常常會吹動成功的碩果。而粗鄙的言語與不良的舉止會使你的交際面臨重重障礙。

舉止優雅才會有魅力

一個人的優雅舉止會使他充滿魅力，即便他是一個普通工人，如果他舉止優雅，也會贏得人們的尊敬。

在現實生活中，一個人的言行舉止直接關係到一件事情的成敗得失，它甚至比一個人的內在品質更容易引起人們的矚目。因而米德爾頓大主教告誡人們，「高貴的品質一旦與不雅的舉止糾纏在一起，也會令人厭倦。」

熱情有禮的舉止有如和暢的春風，它常常會吹動成功的碩果。而粗鄙的言語與不良的舉止會使你的交際面臨重重障礙。

哈金森就是一個有風度和魅力的人，對於他的舉止，哈金森夫人曾有過詳盡的描述：「他這個人寬容大度而坦誠，對於那些地位卑下者，他從來不曾有絲毫怠慢；對那些出身顯貴者，他從來不阿諛奉承。在閒暇時間，他總是和那些最普通的士兵和最窮困的勞動者在一起，他從心底裏尊重他們。」

很多時候，一個人的言談舉止反映了一個人的興趣、愛好、情感。因此，這些儀表風度就意義重大，不容忽視。但人為的禮節性規則並沒有太大價值。它們往往具有並不禮貌、並不誠實的內涵。這種禮節、禮儀只是優雅舉止的一種裝飾。

愛默生曾說：「優美的身姿勝過美麗的容貌，而優雅的舉止又勝過優美的身姿。優雅的舉止是最好的藝術，它比任何繪畫和

雕塑作品更讓人心曠神怡。」

　　真正的優雅出自善良，出自對別人人格的關愛。如果希望他人尊重自己，就要尊重他人，就要關注他人的思想、情感，即使他人的思想觀點與自己的大不相同，也要善於接納。真正舉止優雅的人總是知道尊重別人的思想，從不強求一律，有時他得控制自己的情緒，虛心聽取他人的看法。他善於寬容，不輕易做任何刻薄的評論。

　　相反，一些粗魯的人不會尊重別人，他們寧可失掉朋友也不去收斂言行。這種不顧及別人人格者，毫無疑問是傻子。約翰遜博士說過：「每個人都無權說粗魯的語言，更無權表現他粗魯的舉止。惡毒的言行很容易將人擊倒，並且還比將一個人擊倒更令人痛恨。」

　　而自私者通常都不懂得尊重他人的感情，總是會有許多令人厭惡的舉動。他們並非天性惡毒，卻缺乏對他人的同情之心，無視那些使人歡樂和痛苦的生活細節，因而也可以說，判斷一個人的良好修養主要在於這個人是否有同情他人的情感。

　　沒有一點禮貌的人是最令人難以忍受的。這種人總會給人帶來莫名其妙的煩惱，與這種人交往，沒有一個人會感到舒心輕鬆。正是由於不懂禮貌，許多人一輩子都在與自己製造的種種麻煩對抗。由於他們的粗魯，成功與幸福總是與他們很遠，苦惱和麻煩總是離他們很近。

　　如同一個人的天賦一樣，一個人的性格對於他的成功影響很大。因為一個人的幸福取決於他生性樂觀的性格，取決於他的謙恭有禮和友善的交際，以及樂於助人的品質。

　　大多數不禮貌的行為都會讓人感到不快。譬如有些人的衣服長久都不洗；有些人過於懶散，總是蓬頭垢面，這副尊容就是不尊重他人的表現。

優雅的舉止並不在乎別人是否注意，因為它出自天然。真誠和坦率總是藉由謙恭、文雅、友善和同情他人等外在行為表現出來。優雅文明的行為舉止總是讓人興奮，使人心悅誠服。正如一個人的內在品性一樣，他的行為舉止是促使成功的真正動力。

克儂·金斯納在談到西尼·塞繆斯時說：「他是一個真正勇敢和充滿愛心的人，他贏得了人們的尊敬。這主要是由於他懂得尊重別人。無論是對待窮人還是富人、他自己的僕人還是高貴的客人，他都不分貴賤，都同樣的謙恭友善，誠摯地關心。他總是在他涉足的地方播下幸福的種子，因而他總能收穫到幸福的果實。」

優雅的行為舉止被認為是那些出身高貴的人所特有的風度。這種說法有一定的道理，因為上層人士的子女從小就生活在一個比較好的文明環境，飽受薰陶。但這並不能成為那些下層的人們舉止粗魯的理由。

窮苦人更應該和那些上層人士一樣，懂得互相尊重。無論是在田間還是在家裏，他們都要意識到，優雅的行為舉止會帶給他們無窮的歡樂，即便是一名工人也能藉由自己堅持不懈的努力，以自己文明優雅、親切友善的行為來感染他人。班傑明·富蘭克林就是一個典型的例子。他還是一名工人的時候就以自己的高雅行為改變了整個工廠的工作氣氛。

即使你身無分文，只要溫文爾雅，總能讓人歡快、愉悅。

在生活中，人們常常發現，有的人身居陋室，卻志趣高雅，家中雖然並不華貴，卻乾淨整潔，讓人感到爽快和舒適。

高雅的情趣令寒舍生輝，而美好的舉止也勝過任何華貴的衣裳。一個人優雅的風度，創造出一種環境，能讓人如沐春風。

優雅的舉止與家庭教育有關，但有的人家庭環境並不好，他卻能藉由向優秀的人物學習，最終得以優雅出眾。

　　一塊未經雕飾的寶石，只有經過精心打磨，才能成為絕世精品。而一個人只有經過反覆地學習和改造自己，不斷向優秀的人物學習，才能不斷使自己得以提升。

　　敏銳是一種直覺，在這方面，知識和天資都難以與其相提並論。一位作家曾說，「天才是才華，而敏銳是技巧；天才在於知道需要什麼，而敏銳則知道應怎樣去做；天才使自己受人重視，而敏銳使他人受到尊崇；天才是資源，敏銳是現金。」

　　優雅的行為一旦與敏銳相結合，就會產生巨大的動力。韋克斯是最醜的男人之一。他常常說，在贏得美女的寵愛方面，他與英國最瀟灑漂亮的男人相比，相差也不過三天。

　　但是我們應該看到，一個人的行為舉止並不是測試一個人的品性的準確尺度。優雅的行為對於像韋克斯這樣的人來說，只不過是用來達到某種不良目的的一種裝飾。真正優雅的舉止應該跟其他藝術品一樣，給人以愉悅，但不能是一種偽裝。

　　有時，我們必須明白，一些心地善良的人往往缺乏優雅的舉止，正如有些相當粗糙的盒子裏卻包藏著最甜美的果實一樣。許多舉止粗俗者卻心地善良，而許多儀表堂堂者或許心狠手毒。

　　約翰‧洛克斯就不是那種謙恭優雅的人。蘇格蘭女王瑪麗問他為什麼如此粗魯時，洛克斯回答道：「臣民生來如此」。據說洛克斯的言談舉止曾不止一次地讓瑪麗女王哭泣。

　　一次，洛克斯正走出女王王宮，他偶然聽到一個侍從對另一個侍從說：「這個人無所畏懼。」洛克斯轉過身來對這些侍衛說：「我為什麼要害怕紳士們那些笑容可掬的臉呢？我曾經打量過許多勃然大怒的臉，就從來沒有感到害怕啊！」

　　後來，當這位改革者由於過分勞累和操心而心力衰竭，終於撒手人寰時，攝政王看著這位改革家的長眠之地，歎息道：「這個人將長眠於此，他從來不怕任何人的臉。」

🏵 遠離粗魯言行

在歷史長河中，有許多偉人，他們總是努力改變自身所處的環境，令自己成為一個成功人士，只不過他們不太優雅的行為，還是多多少少給人們留下一些遺憾，不過他們還是令後人敬仰的，因為他們只不過天生如此罷了。

馬丁·路德被認為是一個相當粗魯的人。他所生活的時代動盪不安、充滿暴力。他的改革生涯與這個動盪不安的時代緊密相連。為了把歐洲人從沉睡中喚醒，他以筆為旗，激烈地鼓動歐洲人民起來與黑暗的宗教統治抗爭。儘管路德筆鋒犀利、形象粗野，好在他有一顆火熱的心。他感情樸素而單純，樸實無華自得其樂，同時又振奮人心。時至今日，德國人仍然把他當作一位相當樸素的英雄來崇拜。

薩繆爾·約翰遜舉止粗魯。他小時候曾在一個初級學校讀過書，貧困的生活使他尷尬窘迫。由於賺不到錢去買一個舖位睡覺，晚上他只得和一個同學一起在街上四處遊蕩，等候天明。他憑藉自己頑強的毅力和非凡的勤奮終於出人頭地了，但早年經歷過的種種痛苦和磨難在他的心上烙下了一些傷痕。他沒有學會優雅的舉止，不善於與人交流。

曾有人問他，為什麼不像他的朋友們一樣去參加貴族們舉行的宴會時，他回答說：「因為那些偉大的勳爵們、貴夫人們不喜歡看到狼吞虎嚥的食相。」而他自己就是一個吃相很不優雅的人。

約翰遜的朋友古德·史密斯認為約翰遜是一個心地善良的人。古德說：「沒有一個活著的人像約翰遜這樣心地和善。」有一次約翰遜扶著一位太太穿過英國倫敦的艦隊街，卻不知道這位太太喝醉了酒。還有一次，約翰遜向一位書商請求給自己一份工

作，這位書商一看到他，認為他是一個沒有修養的人，於是叫他最好去買一個搬運工的披肩，去幫人家做粗活。但約翰遜並沒有因為這位老闆的言辭而動怒。

許多人看上去不太優雅，但他們並非有意為之，而是因為他們天生靦腆，不知道怎樣應酬。英國歷史學家吉本出版了《羅馬帝國衰亡史》第二卷和第三卷以後，坎伯蘭公爵有一天碰見了他，公爵主動上前去跟他說話：「你好嗎，吉本先生，聽說你一直在忙於修改作品？」吉本聽到公爵的問話覺得太過唐突，他搖了搖頭，非常傲慢地走了。

公爵的本意是想向吉本先生表示好意，但他言語太不得體，這很容易令人誤會。

戰勝靦腆與羞怯

在舉止方面，一個國家與一個民族又有著不同，這就是一種米養百樣人吧！如英國人靦腆，德國人舉止僵硬笨拙，法國人善於辭令愛交際。

許多人把撒克遜民族害羞的特性稱為「英國病」，其實這是整個北歐國家的主要民族特性，只是在英國人身上顯得更加典型一些。英國人外出旅遊時，常會表現出這種天生的靦腆。他們態度生硬而動作拘謹，而且也不富有同情心。對於那些舉止優雅的法國人來說，他們無法理解英國人的這些表現。因而英國人的羞怯成了法國人的笑料，也成了法國那些最滑稽有趣漫畫的主要內容。

在為人處世方面，法國人比英國人、德國人和美國人要高明。對於法國人來說，待人接物的規矩都成了一種自然傳統。法國人善於社交，但不善於獨處，英國人與之相反。法國人十分健

談，而不習慣於沉默；他們好社交、善於辭令。而德國人則顯得僵硬而笨拙。

優雅的人和笨拙的人在社交生活中受歡迎的程度顯然有天壤之別，到底哪一類人能成為最忠實可靠的朋友？當然又另當別論。

那些笨拙的英國人一開始就不好打交道。他們常常就像吞下了一根鐵桿一樣，默無一言，這並非出於傲慢，而是由於醜腆。他們自己也想戰勝這種膽怯心理，但收效甚微。當我們發現一些作家，繪聲繪色地描繪英國人菲斯丁的笨拙行為舉止時，我們不應該感到奇怪，其實許多英國人都像一個醜婦一樣羞於見人。

在生活中，當兩個醜腆的人相遇時，他們往往缺乏熱忱，就像兩根寒氣逼人的冰柱似的。他們總是在一條路上側身而走，在一間屋子裏也背對著背，旅行時，他們總是各自坐在不同位置。當他們進餐廳吃飯時，總是找一個沒有人坐的位子。

亞瑟·荷爾普先生經過仔細觀察中國人後寫道：「那些孔夫子的子孫們朝拜皇帝的時候，侷促不安，像是得了精神恐慌症。這種情況完全類似我們英國人。這些英國人在日常生活中也顯得恭謹而侷促。」

國王阿爾伯特一世是那種性情平靜卻相當孤僻的人。他曾經努力與這種膽怯和醜腆作抗爭，但結果既不能將它們戰勝，也無法將它們隱瞞。他的傳記作家在解釋這些事情時說：「性格醜腆者，如果有必要的自信心和適度的自豪感的話，往往會使他看上去和藹可親。」

許多著名的科學家也具有這種特徵。牛頓先生也是他那個時代最為醜腆的人了。為了不致使自己出名，他的一些偉大發現，多年也不對外公開。比如他發現了二項式原理，這一原理具有十分廣闊的應用價值，但牛頓由於擔心為名所累，為此猶豫了很多

年。他的萬有引力定律也是許多年以後才予以公開。他把月亮繞
地球旋轉這個理論問題告訴科林斯時，他不准科林斯在《哲學
會刊》上把自己的名字公諸於眾。他說：「我厭惡提高我的知名
度。」

有關莎士比亞的情況，我們可以從一些史料中查得，他也
非常靦腆。他的戲劇風格早已傳遍全球，但他自己從未編輯、修
訂或授權出版他的任何一本劇本。傳諸於世的所有有關莎士比亞
劇本上的不同日期，都是他人的偽造。在自己創作的劇本中，他
往往扮演末流角色。他一向淡泊名利，更反對同時代的人們給他
太多的虛榮。就在自己的創作激情已經消退的時候，他悄然隱退
了。當時他大約四十歲。在隨後的歲月中，他在中部地區的一個
小鎮上住了下來，過著沒沒無聞的生活。這一切都足以證明了他
的羞怯和謙卑。莎士比亞的羞怯還表現在他的作品裏，這是一個
值得注意的情況。在他的寫作生涯中，莎士比亞在情感與道德方
面的天賦都得到極為豐富的展示，但有關希望方面的文字卻極為
罕見，即使出現，也是採用一種令人沮喪、使人絕望的語調。比
如這樣的句子：

　　真正的痛苦無藥可治，
　　即使希望也是微茫！

莎士比亞的許多十四行詩都凝聚著這種使人精神苦悶、絕望
的情感。他似乎在為自己的靦腆而痛苦；為自己當演員的職業而
哀傷；他不敢相信自己，絕望的感覺時時襲擾著他，無限的情感
似乎錯置在他身上；是什麼讓他感到生活的虛無呢？

人們很難理解，作為一個演員，經常在觀眾面前拋頭露面，
按理說這應該有助於他戰勝靦腆，但與生俱來的東西往往很不容

易戰勝。

　　與莎士比亞的情形一樣，著名的表演藝術家查爾斯·馬修先生每天晚上都在大型的晚會上表演，然而他卻是最為靦腆的人。他妻子說他顯得「羞怯」，如果有人認出他來，他會拘謹侷促。在街上散步的時候，如果聽到有誰在低聲地叫他的名字，他就不敢看人。臉上也會流露出極不自然的神色。

　　偉大的浪漫主義詩人拜倫勳爵也是一位羞怯者。他的一位傳記作家寫道，有一次拜倫正在南威爾市拜訪比戈特夫人，當他看到一些陌生人走過來時，他便從窗子裏跳了出去躲到草叢裏。

　　大主教霍特雷也是一個突出的例子。青少年時期，霍特雷深受羞怯感之苦。在牛津的時候，他老穿著白色粗糙的襯衫，頭戴白帽。人們都叫他「白熊」，他自己的行為舉止笨手笨腳，與這個綽號非常相稱。有人勸他，注意模仿那些舉止優雅的人在生活中的行為動作，這樣可以改掉自己一些不文雅的舉動。可是當他照著這樣去做的時候，他反而更加羞怯。

　　這樣一來，霍特雷徹底喪失了信心。此後，他盡力不再想有關行為舉止的事，對別人的評價和看法盡量也滿不在乎。如此一來，他竟獲得了出乎意料的成功，竟擺脫了多年來一直折磨著他的害羞，他的行為舉止也自然起來了。

第五章：完美人生的人際資本

　　這種人深諳人際關係的藝術，容易認識人而且善解人意，適於團體合作，更是忠實的伴侶、朋友與事業夥伴。

☺ 成大事者必備的社交資本

　　湯瑪士・海奇與嘉納同樣服務於實行多元智慧教育的寬廣學校。他講了這麼一個案例：

　　瑞奇與羅傑上同一家幼稚園，下課時間他們和其他小朋友在草地上奔跑。瑞奇突然跌倒碰傷膝蓋，哭了起來。所有小朋友都照樣往前跑，只有羅傑停下來。瑞奇慢慢停止哭泣，這時羅傑彎下腰撫摸自己的膝蓋說：「我也受傷了。」

　　羅傑的表現是人際智慧的最佳範例，羅傑對同伴的情感表現出異常的敏感，而且很快地能與同伴建立關係，他是唯一注意到瑞奇的處境而嘗試安慰他的人，雖則他的安慰方式不過是撫摸自己的膝蓋而已。這個小動作卻顯示出他建立人際關係的非凡能力，這種技巧是維持人與人親密關係（婚姻、友誼或事業夥伴）的關鍵。一個稚齡孩童已顯出這樣的技巧，長大後必擁有更成熟的人際能力。

　　人際智慧的四大要素是：

　　1.組織能力。這是領導者的必備技巧，包括群體的動員與協調能力。導演與製作人、軍隊指揮官及任何組織的領導者多具備這種能力，表現在孩子身上則常是遊戲場上的帶頭者。

　　2.協商能力。這種人善於仲裁與排解紛爭，適於發展外交、仲裁、事業購併等事業。表現在小孩子身上則常為同伴排難解

紛。

3.人際關係。 亦即羅傑所表現的同情心，這種人深諳人際關係的藝術，容易認識人而且善解人意，適於團體合作，更是忠實的伴侶、朋友與事業夥伴，事業上是稱職的銷售員、管理者或教師。像羅傑這樣的小孩幾乎和任何人都可相處愉快，容易與其他小朋友玩在一起，自己也樂在其中。這種孩子最善於從別人的表情判讀其內心情感，也最受同伴的喜愛。

4.分析能力。 敏於察知他人的情感動機與想法，易與他人建立深刻的親密關係，心理治療師與諮詢人員是這種能力發揮到極致的例子，若再加上文學才華則可能成為優秀的小說家或戲劇家。

這些技巧是人際關係的潤滑油，是構成個人魅力與領袖風範的根本條件。具備這些社交智慧的人易與人建立關係，長於察顏觀色，領導與組織能力俱強，更是魯仲連式的人才。這種人可說是天生為領導者，能夠充任集體情感的代言人，引導群眾走向共同的目標。也因為與其共處是如此愉悅自在，這種人總是廣受歡迎。

你能為別人做些什麼

一個人要與關係網絡中的每個人都保持積極聯繫，最好的方式就是創造性地運用自己的日程表。

人作為社會中的一員，肯定少不了與其他人相互交往。但交往並不是我們表面上看到的，僅僅是雙方相互通通話而已，它應該包含更深一層的含義，那就是在交往雙方中間建立一個良好的關係和友誼。而在現實生活中如何進行交往是有許多技巧和經驗可循的，下面就提供一些成功與人交往的技巧，供朋友參考。

·與每個人保持積極聯繫

　　善於運用自己的日程表。記住那些對自己有關係的人的重要日子，比如生日或周年慶祝等。打電話給他們，至少給他們寄張卡片讓他們知道你心中想著他們。

·推銷自己

　　與人交談時盡可能地推銷自己。當別人想要與你建立關係時，他們常常會問你是做什麼的。如果你的回答平淡似水，比如只是一句「我是一位電腦公司的一名職員」，你就失去了一個與對方交流的機會。比較得體的回答是：「我在一家電腦公司負責軟體的開發工作，主要開發一些簡單實用的軟體程式。平時閒暇時，經常打打乒乓球、羽毛球，並且熱愛寫作。」這樣說，不僅為你的回答增添了色彩，也為對方提供了幾個話題，說不定其中就有對方感興趣的。

·你能為別人做什麼

　　時刻提醒自己的不是「別人能為我做什麼？」而是「我能為別人做什麼？」回答別人的問題時，不妨再接著問一下：「我能為你做些什麼？」

·多出席一些重要的場合

　　因為重要的場合可能會同時匯聚了自己的不少老朋友，利用這個機會你可以進一步加深一些印象，同時可能還會認識不少新朋友。所以對自己很重要的活動，不論是升職派對，還是子女的婚禮，這一類活動是多多益善。

·以最快速度去祝賀他

　　遇到朋友升遷或有其他喜事，要記得在第一時間內趕去祝賀。當你的關係網成員升職或調到新的單位去時，祝賀他們。同時，也讓他們知道你個人的情況。如果不能親自前往祝賀，最好也應該藉由電話來表示一下自己的友誼。

・激發強大能量

當雙方建立了穩固關係時，彼此會友好相處。他們會激發對方的創造力，使彼此的靈感達到至美境界。為什麼將你的影響力內圈人數限定為十人呢？因為強有力的關係需要你一個月至少維護一次，所以幾個人或許已用盡你所擁有的時間。

・別總做接受者

在交往中不能總做接受者。如果你僅僅是個接受者，無論什麼網路都會疏遠你。搭建關係網絡時，要做得好。得令你的職業生涯和個人生活都離不開它似的。

第六章：完美人生的職業資本

　　我認為，世界上最大的悲劇就是，有那麼多的年輕人從來沒有發現他們真正想做些什麼。我想，一個人若只從他的工作中獲得工資，而其他一無所有，那是最可憐的了。

⚜ 選擇你喜歡的

　　如果可能的話，要試著去尋找你所喜歡的工作。美國輪胎製造商古里奇公司的董事長，在談到成功的第一要領是什麼時，他回答說：「喜愛你的工作。」

　　愛迪生是一個好例子。這位曾進過學校的送報童，後來卻使美國的工業生活完全改觀。愛迪生幾乎每天在他的實驗室裏辛苦工作十八小時，在那裏吃飯、睡覺，但他絲毫不以為苦。「我的一生中從未做過一天工作，」他宣稱，「我每天樂趣無窮。」

　　查理斯·史茲韋伯也說過和這差不多的話，他說：「每個從事他所無限熱愛的工作的人，都可以成功。」

　　但你對於想從事哪種工作尚沒有一點概念，又怎麼能夠對工作產生熱愛呢？艾德娜·卡爾夫人曾為杜邦公司雇用過數千名員工，現在是美國家庭產品公司的工業關係副總經理，她說：「我認為，世界上最大的悲劇就是，有那麼多的年輕人從來沒有發現他們真正想做些什麼。我想，一個人若只從他的工作中獲得工資，而其他一無所有，那是最可憐的了。」

　　卡爾夫人說，甚至有一些大學畢業生跑到她那兒說：「我得到達茅斯大學的學士學位，你公司裏有沒有適合我的職位？」他們甚至不曉得自己能夠做些什麼，也不知道希望做些什麼。因

此，難怪有那麼多人在開始時野心勃勃，充滿玫瑰般的美夢，但到了四十多歲以後，卻一事無成、痛苦沮喪，甚至精神崩潰。

選擇你所喜歡的工作，甚至對你的健康也十分重要，一家醫院的大夫協助幾家保險公司做了一項調查，研究人們長壽的因素，他們把「正確的工作」排在第一位。正好符合了哲學家喀萊爾的名言：「祝福找到心愛的工作的人們，他們已不需再企求其他的幸福。」

柯哥尼石油公司的波恩頓出版過一本名為《獲得工作的六個方法》的書。在談到今日的年輕人求職所犯的最大錯誤是什麼時，他顯然有些氣憤：「他們不知道他們想做些什麼。這真是叫人萬分驚駭，一個人花在選購一件穿幾年就會破舊的衣服上的心思，遠比選擇一件關係將來命運的工作要多得多——而他將全部幸福和安寧都建築在這份工作上。」

一位智者告訴我們，工人不適應工作，是「社會最大的損失之一」。的確如此，多數人的憂慮、悔恨和沮喪，都是因為工作不合適而引起的。世界上最不快樂的人，也就是憎恨他們日常工作的人。

在美國陸軍中，有一種被稱作「崩潰」的軍人。他們就是被分派到錯誤單位的人！他們並不是在戰鬥中受傷的人，而是那些在普通任務中精神崩潰的人。孟寧吉博士是當代最偉大的精神病專家之一，他在二次大戰期間主持陸軍精神病治療的工作，他說：「我們在工作中發現挑選和安置的重要性，就是說要使適當的人去從事一項適當的工作……最重要的是，要使人相信他手頭上工作的重要性。當一個人對工作沒有興趣時，他會覺得他是被安排在一個錯誤的職位上，他便覺得他不被欣賞和重視，他會相信他的才能被埋沒了，在這種情況下，我們發現，他若沒有患上精神病，也會埋下精神病的種子。」

　　為了某一個原因，一個人也會在工作中「精神崩潰」，如果他輕視他的工作和事業，他也會把它搞砸了。

　　一個父親開了一家洗衣店，他把兒子叫到店中工作，希望他將來能接管這家洗衣店。但兒子痛恨洗衣店的工作，所以懶懶散散的，提不起精神，只做些不得不做的工作，其他工作則一概不管。有時候，他乾脆「缺席」了。他父親十分傷心，認為養了一個沒有用而不求上進的兒子，使他在他的員工面前丟臉。

　　有一天，兒子告訴他父親，他想做個機械工人，到一家機械廠工作。什麼？一切又從頭開始？這位老人十分驚訝。不過，兒子還是堅持自己的意見。他穿上油膩的粗布工作服工作，他從事比洗衣店更為辛苦的工作，工作的時間很長，但他竟然快樂得在工作中吹起口哨來。後來他選修工程學課程，研究引擎，裝置機械。當他去世時，已是波音飛機公司的總裁，並且製造出「空中飛行堡壘」轟炸機，幫助盟國軍隊贏得了世界大戰。如果他當年留在洗衣店不走，他在洗衣店——尤其是在他父親死後——究竟會變成什麼樣子呢？

　　所以即使會引起家庭糾紛，你也不要因為你家人希望你那麼做，就勉強從事某一行業。不要貿然從事某一行業，除非你喜歡。不過，你仍然要仔細考慮父母所給你的勸告。他們的年紀可能比你大一倍。他們已從工作中獲得眾多經驗，及過去歲月中得到的智慧。但是，到了最後，你自己必須做最後決定。因為將來工作是否快樂或悲哀，影響的是你自己而不是別人。

充滿熱情地去工作

　　熱情能消除你在工作、生活中的壓力，令你感覺到工作的意義與快樂。

　　著名大提琴家卡薩爾斯在九十歲高齡時，還是每天堅持練琴四到五個小時，當樂聲不斷地從他的指間流出時，他俯屈的雙肩又變得挺直了，他疲乏的雙眼又充滿了歡樂。美國堪薩斯州威爾斯爾的萊頓直至六十八歲才開始學習繪畫。他對繪畫表現出極大熱情，在這方面獲得了驚人的成就，同時也結束了折磨他至少三十餘年的疾病。

　　美國天文學家愛默生曾寫道：「人要是沒有熱情是做不成大事業的。」大詩人烏爾曼也說過：「歲月只能在你的額頭上留下一些皺紋，但你在生活中如果缺少熱情，你的心靈就將佈滿皺紋了。」

　　只有有了熱情，人們才能把額外的工作視作機遇，才能把陌生人變成朋友，才能真誠地寬容別人，才能熱愛自己的工作。不論他有什麼頭銜，或有多大權力。人們有了熱情，就能產生濃厚的興趣和愛好；就會變得心胸寬廣，拋棄怨恨和仇視；就會變得輕鬆愉快，當然，還將消除心靈上的一切皺紋，也就有了生活的輝煌感。

勇於自我表現

　　戴高樂曾經說過：「困難，特別吸引堅強的人。因為只有在擁抱困難時，才會真正認識自己。」這句話一點也沒錯。有一個小男孩在報上看到應徵啟事，正好是適合他的一份工作。第二天早上，當他到達應徵地點時，發現應徵隊伍中已有了二十個男孩子。

　　如果換成另一個膽怯懦弱、不太聰明的男孩，可能會因此而打退堂鼓。但是這個小男孩卻完全不一樣，他認為自己應該多動腦筋，運用上帝賦予的智慧想辦法解決這一困難。他不往消極方

面考慮，而是認真用腦子去想，看看是否有法子解決，於是，一個絕妙方法便產生了！

小男孩拿出一張紙，寫了幾行字。然後走出行列，並請求後面的男孩子為他保留位子。他走到負責招聘的祕書面前，很有禮貌地說：「先生，請你把這張便條交給老闆，這件事很重要。謝謝你！」

這位祕書對他的印象很深刻，因為他看起來神情愉悅，文質彬彬。如果是別人，祕書可能不會放在心上，但是這個小男孩不一樣，他有一股強有力的吸引力，令人難以忘記。所以，祕書將這張紙條交給了他的老闆。

老闆打開紙條，然後笑笑還給祕書，祕書也把上面的字看了一遍，笑了起來，上面是這樣寫的：

「先生，我是排在第二十一號的男孩子。請不要在見到我之前做出任何決定。」

你想他得到這份工作了嗎？你認為呢？像他這樣思考的男孩無論到什麼地方一定會有所作為。雖然他年紀很輕，但是他知道如何去想，認真思考。他已有能力在短時間內，抓住問題的核心，然後盡全力去解決它，並盡力把它做好。

實際上，你一生中會遇到很多諸如此類的問題。當你遇到問題時，一旦進行認真思考，便很容易找到解決問題的方法。

講究工作方法很重要

幾十年前，有一個年輕人來到美國西部，他想做一名新聞記者。可是他人生地不熟，感到無從著手，於是寫信去請教報界名人塞繆爾‧克萊門斯先生（即馬克‧吐溫）。不久克萊門斯先生給他回信說：「假如你能按照我的話去做，我可幫你在報界中

謀得一個職位。現在請告訴你：你想進哪家報社？這家報社在哪兒？」

接到克萊門斯先生的回信，年輕人異常興奮，於是再寫一封信，說明他所嚮往的報社名稱及其地址，並向克萊門斯先生誠懇表態，願意聽從他的指示。幾天後，克萊門斯先生的第二封回信到了他手中，信中說：「如果你肯暫時只做工作不拿薪水，你到哪一家報社，人家都不會拒絕你；至於薪水問題，你可以慢慢來。你可以對報社的人說，你近來覺得生活很空虛，現在我很想找份事做來充實生活，但可先不要報酬。這樣一來，無論那個報社現在需不需要人員，都不好一口回絕。」

「你在獲得工作之後，一定要主動做事，直到同事們漸漸感到少不了你時，你再去採訪新聞，把寫成的稿件給編輯部；如果你所寫的稿件的確符合報紙的要求，編輯自然會陸續發表你的新聞稿。這樣一來，你就會慢慢晉升到正式外派記者或編輯的職位上，大家也會漸漸重視你。這時，你沒有薪水的事就不必擔心了。而你的名字和工作業績肯定會被傳出去，這樣，你遲早會獲得一份薪水頗豐的工作。」

「不久，很多報社都來爭相聘用你，你可以拿這些聘書給主編先生看，對主編先生說，其他報社要給你多少月薪，假如這裏也願意出一樣多的月薪，你仍然會繼續做下去。到了那時，也許其他報社願意給你更高薪水，但如果數目與這裏相差不是很大，你最好別離開老地方。」

不只這位青年，還有五位青年請教克萊門斯先生，也獲得了指示，因而都找到了他們所嚮往的工作，如今，有一位已成了美國某家權威日報的主編。

一個人只要盡心盡力地去克服自己的困難，踏踏實實，不好高騖遠地工作，他的夢想一定會實現的。

藝術和洞察力，以便解決將來的衝突。夫妻們每解決一個問題，他們的關係便更加鞏固，因為他們學會了解決矛盾的藝術。

・把愛情計劃一下

用玫瑰圍成的遊廊和天井中的林蔭道不會是當天建成的。這是園丁幾年前就計劃並逐步形成的。「婚姻關係也是如此。」姆克基尼斯說：「我認識一對夫妻，經常在元旦這一天，坐在一起談論三年之內要做的事情，討論增進愛情的永久性計劃。」

・精心照料婚姻

有人向傑克請教如何栽培蘭花的經驗。傑克說：「這並不神祕，你必須精心地照料它，否則，它會死亡。」婚姻的實質就是一些這樣的義務。正如一個人所指出的：「婚姻，就是兩個人永遠生活在一起的許諾。兩個人的生活並不會總是快快樂樂的，這就是這個義務為什麼重要的關鍵所在。」

夫妻之間可以用不同的方式規定這個義務。加利福尼亞州的一位婦女皮爾，在她三十歲的時候，反覆考慮這個問題：「我和喬爾為我們的新家種植花園的時候，我注視著汗流浹背的喬爾，心想：我們將怎樣創造我們永遠分享的東西，這個花園就是我們承擔義務的象徵。正像它永遠生長一樣，我們的愛情也將永遠生長！」

🏵 百萬富豪的婚姻

成功者大多有一個幸福美滿的婚姻，他們是如何選擇配偶，又是如何令婚姻幸福的呢？

能夠成為成功者，是因為在人生許多重要的問題上，做了正確的抉擇，這其中之一就是正確地選擇了配偶。他們並不認為，另一半的外表是他們婚姻美滿非常重要的因素。

聰明是非常重要的擇偶條件，當然，其他的條件也很重要。他們會判斷另一半是否誠實、樂觀、可靠、有感情。他們在學校的時候，就已經學會如何正確判斷他人。他們跟許多有不同社會背景的同學來往，因此培養出正確的判斷能力，能分辨出對方是否真誠可靠，這對他們選擇人生伴侶是很重要的。

百萬富豪的離婚率比一般人都低。有專家認為，滿意另一半的財務貢獻，有助於維繫婚姻關係。就整體而言，除了愛情與外貌的吸引力之外，他們都喜歡娶一個有能力管理企業的女人為妻。

很多人都說，如果你想變成有錢人，就找個百萬富翁結婚；或是跟百萬富翁的女人結婚，你的另一半會繼承許多財產，並且跟你分享。

這些說法都是錯的。他們甚至不認為，財富是婚姻美滿的重要因素。

有許多成功的企業家，都說過同樣的話。

夫妻一起創業，確實比較能賺大錢。如果有一方從旁相助，即使提供精神上的支持，也是大有幫助的。

冒險者都會特別仔細地挑選配偶，他們很重視另一半的某些特質，比如：同情心、聰明、包容、自律、安全感、脾氣溫和、美德、可靠、性情穩定。冒險者比規避風險者更認為，美滿的婚姻是因為伴侶值得尊敬、有耐心、情緒穩定、不自私。

如果夫妻從事有風險的投資，那麼這些特質尤其重要。他們經常要面對財務吃緊或是投資報酬不穩定的狀況。在結婚初期，努力打拚事業通常要比買房子、買車子或度假更重要。不是每個人都適合當冒險投資者的配偶，所以可能成功致富的人挑選配偶時會注意對方身上的某些特質。就整體而言，如果配偶失業，另一方會仔細考慮要離婚，但是這種情況在百萬富豪的家庭就完全

相反，他們在致富之前，有時可能好幾年都沒有收入。有錢人很少覺得錢夠了，他們總是將每一塊錢都拿去投資。一位白手起家的富豪說：

「如果我失去所有的錢，我還有丈夫（妻子）與小孩，這才是最重要的。他們永遠不會拋棄我。」

許許多多的富豪，他們在追求成功的道路上，經常會這樣勉勵自己。

婚姻是如何影響個人財富的呢？因為，合法的婚姻有某種體制化的特質，婚姻關係的分工合作，有助於財富的累積。而且，已婚夫婦的家庭在家庭支出上，比單身家庭佔優勢。全美國無論教育或收入水準如何，婚姻長短與財富多少都有密切的關係。

如果今天全美國的百萬富豪夫婦突然都分手，那會怎麼樣呢？當然，會增加許多單身的百萬富豪，但是也會減少三分之一的百萬富豪家庭，因為他們的資產要分割、家庭成員會分開，固定開銷要增加一倍，而且律師費也會花不少。不過要維持婚姻，除了經濟因素，還有其他的因素，就是婚前選擇配偶的人格特質，這些人格特質是美滿婚姻的必不可少的因素。

⚜ 婚姻需要一種策略

當你們雙雙步入婚姻這個神聖的殿堂時，別忘了愛情策劃還在繼續，繼續……

・「愛」到永遠

談情說愛時，戀人間會脫口而出「我愛你」，一點也沒啥難為情的，只怕說不夠。可是婚後久了，這句表達情愛的話由於長期不用，便覺得不好意思說出口了，認為「愛」只是少男少女的事。其實，夫妻之間的感情也需要表白出來，這一點對女性來說

尤其重要。妻子常常向丈夫發問：「你還愛我嗎？」就是想讓丈夫親口說「我愛你」，從而證實丈夫對自己的愛。

有時一封信、一束鮮花、一個電話、一個小禮物，都能表現你對愛人的深情。如果你經常出差在外，那麼別忘了打個電話，寫封信，捎回小紀念品。這些貌似平凡的小事，將使你的愛人直觀地感受到你對他的深沉的愛情。

關於夫妻關係，有一個重要的原則必須遵守，這就是：經常使伴侶覺得自己很重要。貫徹這一原則的辦法，就是坦誠地讚賞，切莫挑剔。

人人都有自尊。受重視的欲望是人類的共同特徵。若要發現他人的優點，最好的方法就是誇獎和鼓勵，這樣就可以滿足對方的虛榮心，使對方感到自己很重要。每一個妻子都有優點，至少丈夫承認這一點，否則就不會和她結婚。但結婚幾年後，夫妻感情越來越淡薄，其中很重要的一條，就是做丈夫的忘了給對方一點小小的讚賞。其實，家庭中，只要伴侶有點成績，對方就應由衷地讚美幾句，這費不了多少事，收到的效果卻很好。

當然，說恭維話也要有分寸，十分露骨的奉承沒有人愛聽。只有發自內心的真誠讚賞，才能打動對方的心。另外，如果僅僅嘴甜，光耍「嘴皮子」，沒有實際行動，也會適得其反。

· 充實愛人的生活

如果想讓女人改掉瞎猜的習慣，男人就必須以徹底忠實的態度來面對她。如果工作上需要加班會晚歸時，就應該多打電話與家裏聯絡，以免妻子產生不安。此外，女性猜疑心較重，說明她們有多餘的時間，不知道如何打發，因此，可以為她們找一個打發時間的活動。

有一位企業家很喜歡打高爾夫球，他的太太經常嘆氣說，她是高爾夫球寡婦，因此，他勸他太太也打高爾夫球。到最後，夫

妻兩人就可以一起享受打高爾夫球的樂趣了。

　　從此以後，他就不再聽到他太太的嘆息了，而且，因為在高爾夫球場能認識很多人，使得他太太在社交方面增長了不少見識。

・把嫉妒變成激勵

　　中世紀法國的國王路易十四曾經說過一句話：「想讓兩個女人友好相處，比讓全歐洲和平相處還難！」由此可見，女人的嫉妒心自古以來就沒有太大的改變。

　　那麼，你要如何才不會讓女性因自尊心受到傷害而變得面目可憎？由於嫉妒的情感是由自卑感而引起的，把這種情感轉化為上進心，就可以消除了。

　　可以利用她的嫉妒心，來激發她比同事、情敵或隔壁的太太更優異的奮鬥精神。站在愛人的立場，可以心平氣和地指出她的工作能力和態度都比競爭的對手略勝一籌，好讓她勉勵自己努力上進，把嫉妒心提升為上進心，更上一層樓。

・一問三不知

　　如果週末或星期天到百貨公司，就經常可以看到，女性高高興興地在選購商品，而男人站在一旁，一副很無聊的樣子。

　　這些男人可能是陪他們的女朋友或太太來購物的。像這樣，一個難得的假日被當作「家庭經濟日」，不得不陪著太太來逛街，相信每個男人都有這種被強迫逛街、購物的經驗。

　　如果向女人問起「現在想做的事情是什麼」時，她們一定會回答：「逛街！」由此可見，購物對女人來說，具有特別的意義。

　　由於在日常生活中，被迫要盡量節省，於是，經濟狀況比較寬裕時，買些衣服或裝飾品，就成為女性最高興的一件事。

　　同時，百貨公司和高級的專賣店，都會很親切地招呼客人，

所以，對於平時受到委屈的女人來說，是一個享受優越感的難得機會。女人之所以喜歡逛街，也許是因為這些因素。

但是，逛街時，一向缺乏果斷力的女人，想要買一種東西時，往往會因拿不定主意而猶豫不決。因此，女人不願意一個人去購物，而喜歡結伴去逛街。因為自己拿不定主意時，就可徵求一下同伴的意見，也就比較容易做決定了。

女人之所以要對購物沒有什麼經驗的男人來陪伴她，也是基於相同的理由。其實，她們想要買什麼東西，心裏早就有數，而要男人陪她一起去，只不過是想讓對方說句：「對啊！買這個不錯！」好讓自己安心。

如果你不願總是陪太太或女朋友逛商場，她們向你徵詢意見時你可以一問三不知，時間長了，她們便不會再讓你陪她們逛商場了。

・學會相互關心

常常受到太太責備「你究竟有沒有在聽我說」的男人，相信為數不少。當太太在談論鄰居或同事的事情時，由於這些對男人來說都是無關緊要的事情，所以，男人往往會不注意聽，隨便敷衍了事。

其實，這些女人之所以不考慮對方對自己所說的話有沒有興趣，而強迫對方仔細聽，不外乎讓對方承認自己的存在。

在這種情形下，必須先找出這些女人不滿的原因，從根本上消除誤解，才會見效。不過，首先要向她們解釋，別人為什麼不關心她，這一點也非常重要。

Part 2 第二篇

成大事者必備的七大習慣

第一章：積極思考的習慣

只有敢「想」、會「想」，善於思考、思考成功、
思考未來的人，才會是成功的候選人。

🌸 敢想才能敢做，會想才能巧成

善於思考是由敢想和會想兩個方面構成的，那些成功的人
大都因為具備了這兩方面，所以才有驚人之舉，因為敢想才能敢
做，會想才能巧成。

當別人失敗時，你如果可以從他人的失敗中得出正確的想
法，並繼之以行動，你就有可能成功。當你自己失敗了，你也只
要轉換一個正確的想法，緊跟以一個行動，你同樣可以獲得成
功。

一九三九年，美國芝加哥北密西根大道的辦公樓群可以說是
慘不忍睹。每一棟豪華的大廈裏面都是空空如也，沒有一絲忙碌
的氣氛。一棟樓出租了一半就算是幸運的。這是商業不景氣的一
年，消極的心態像烏雲一般籠罩在芝加哥不動產的上空。那時，
人們常常能聽到這樣一些論調：「登廣告毫無意義，根本就沒有
錢。」或「我們沒有必要工作了。」然而就在這時，一位抱著
積極心態的經理進入了這個景象黯淡的地區。蕭條的景象反而給
了他一個奇特的想法，而他也毫不猶豫地依著這個想法行動了起
來。

這個人受雇於西北互助人壽保險公司來管理該公司在北密西
根大道上的一座大樓，公司是以取消抵押品所有權而獲得這座大
樓的。他開始做這份工作時，這座大樓只租出了10％。但不到一
年，他就使它全部租出去了，而且還有長長的待租人名單送到他

的面前。為什麼短短時間內情況會發生這麼巨大的變化呢？記者採訪他時，他介紹了他對整件事情的思考：我準確地知道我需要什麼。我要使這些房間能100％地租出去，在當時的情況下，要做到這一點是很難的。因此我要把工作做到萬無一失，必須做到下列幾點：

1. 要選擇合適的房客。

2. 要激發吸引力：給房客提供芝加哥市最漂亮的辦公室。

3. 租金一定要比他們現在所付的房租低5％。

4. 如果房客按為期一年的租約付給我們同樣的月租，我就對他現在的租約負責。

5. 除此之外，我要免費為房客裝飾房間。我要雇用富有創造力的建築師和內裝工，根據新房客個人好惡來改造裝飾每一間辦公室，使他們真正滿意。

我藉由推理得到下列幾個方面的認識：

第一，如果一個辦公室在以後幾年中還不能出租，我們就不能從那個辦公室得到收入。我們到年底可能得不到什麼收益，但這種情況總不會比我們沒有採取任何行動時的情況更糟。而我們現在的境況應該更好，因為我們滿足房客的需要，他們在未來的年份中會準時如數地交付房租。

第二，而且出租辦公室僅以一年為基數，這是已經形成了的習慣。在大多情況下，房間僅僅只空幾個月，就可接納新的房客。這樣，我們就有可能在盡可能短的同期內得到新的租金。

第三，在一所設備良好的大樓裏，如果一個房客一定要在他租約期滿的那一年的末了退租，也比較易於再租。免費裝飾辦公室也不會得不償失，因為這會增加全樓的股票價值。結果證明，裝修後的效果十分不錯。每一個新近裝飾過的辦公室似乎都比以前更為富麗堂皇。房客都很熱心，許多房客花費了額外的金錢。

有一個房客在改建施工任務中就花費了兩萬兩千美元。

不妨讓我們對整個過程再回顧一次，從而能獲得更為清晰的瞭解及更深刻的認識。有一個人面臨著一個嚴重的問題。他手上有一座巨大的辦公大樓，可是這座大樓十分之九的辦公室都是空閒未被租用的。然而，在一年內這座大樓便100％地出租了。現在，就在隔壁，仍有幾十座大樓是空蕩蕩的。而造成這天壤之別的決定性因素就是經理人不同的思考角度及不一樣的心態。

一種人說：「我有一個問題，那是很可怕的。」

另一種人說：「我有一個問題，那是很好的！」

如果一個人能夠抓住他的問題尚未顯露時的好機會，洞察它並尋求解決，那麼，他就是懂得正確思考之要義的人。如果一個人能形成一種有效的想法，並緊接著付諸實踐，他就能把失敗轉變為成功。

成功是「想」出來的。只有敢「想」、會「想」，善於思考、思考成功、思考未來的人，才會是成功的候選人。如果一個人善於思考，那麼他就可以把別人難以辦成的事辦成，把自己本來辦不成的事情辦成。

積極地思考

在聖路易斯有一個非常傑出的腦科大夫，他是華盛頓大學腦科手術室的主任，他所做的手術幾乎就是奇蹟，有許多人千里迢迢地來找他求醫。「他只不過是個幸運兒」，年輕的醫科學生可能會這樣說，「他只不過幸運地有這種才能。」但是請別太早下結論，讓我們看看這位歐內斯特·塞克斯大夫的過去吧。

許多年以前，當他還是一個實習醫生在紐約的一家醫院實習的時候，一位醫師因為無法拯救病人而感到痛心，因為大多數

的腦瘤都是無法治癒的，但他相信有一天，一定有一些醫生有勇氣去挑戰病魔，去拯救那些受苦的生命。年輕的歐內斯特・塞克斯就是這樣一個有勇氣面對挑戰的人，他有勇氣去嘗試幾乎不可能完成的任務。當時，在美國從來沒有過成功治癒腦瘤的先例，唯一能給這個年輕人一些指導的人是一位在英國的大夫——維克多・霍斯利爵士，他對腦的解剖結構的瞭解超過任何人，是英國腦科醫學界的一位先鋒人物。塞克斯獲准跟從這位英國醫學家工作學習，但在前往英國學習之前，他還做了另一件很有意義的事。因為想要為在這位著名醫學家手下工作打好基礎，塞克斯花了六個月的時間到德國求教於那裏最有能力的醫師，這是許多年輕人不願花時間去做的事情。維克多・霍斯利爵士對這個美國年輕人的認真和勤奮感到非常驚訝，為他僅僅為做準備工作就花了六個月時間而感動，所以直接就把他帶回自己家裏。在此後的兩年時間裏他們一起對猴子進行了多項實驗，這為塞克斯未來的事業奠定了堅實的基礎。塞克斯回到美國以後主動提出治療腦瘤的要求，但是他卻遭到了嘲笑，面臨著各種障礙，他沒有必需的設備，僅能靠不屈不撓的精神去努力實現自己的理想。正是靠著這股堅忍不拔的毅力，才使大多數的腦瘤患者在今天可以得到治療。塞克斯大夫藉由訓練年輕的醫師來傳授他的技能，他還在全國建立了許多腦科中心，讓每一位有需要的患者都能夠就近得到治療。他的書《腦瘤的診斷和治療》已經成為醫治腦瘤病症的權威著作。

也許有些事你認為永遠無法辦到，但是有人卻能把這些變為事實，這也許就是奇蹟。別人可以，你為什麼就不能創造奇蹟呢？

「噹噹噹——」一位塞爾維亞的牧羊少年在敲打一把長刀的刀柄，但因為刀鋒被插在了草地裏，所以躲藏在玉米地裏的來

犯者聽不到這個信號，但附近的牧羊少年則可以把耳朵貼在地上聽到這個警告，正是這個簡簡單單的辦法，使塞爾維亞牧民成功地對付了藏匿於草叢中夜幕下的羅馬尼亞竊畜賊。這些牧羊少年長大之後大都忘記了這種藉由地面傳聲發出警報的辦法，但有一個人例外，他在二十五年之後以此為理論基礎做出了一個劃時代的偉大發明，他就是米哈伊洛‧伊德夫斯基（一八五八～一九三五，匈牙利裔美國物理學家和發明家）。他使本來只能在一個城市內通話的電話能夠長距離使用，哪怕跨越大陸。

　　「我沒有機會去自己創造什麼」，你也許會這樣說，當真沒有機會？其實創造的機會在你每一天的生活中俯拾皆是，許多偉大的發明就是藉由對平常的東西進行不平常的思考而得來的。

第二章：勤奮儉樸的習慣

　　一位年輕人可能會有很多朋友，但他會發現沒有永遠的、不變的朋友，他們隨時準備向他提出要求，而節儉卻是不斷推動他向前的朋友，它使人獨立，它使年輕人有立足之地，它使他充滿活力，它使他受到恰當的激勵。事實上，它為他帶來了成功的很大一部分──快樂和滿足感。

　　勤能使人走向成功，聰明的人，勤奮努力能成就大事業，而比較愚笨的人，如果能以勤為本，笨鳥先飛，同樣也能成為獲得成功的贏家。記得《聖經》中有這樣一句話：「上帝給你打開了一扇門，同時就要給你關上一扇窗。」你應該記住，勤奮實際上只是彌補你自己某一方面缺陷的良藥。

　　愛因斯坦小的時候，有一次上勞作課，老師要求每個人做一件小工藝品。課堂上，老師讓學生們把他們的作品拿出來，一件一件地檢查。當老師走到愛因斯坦面前時，他停住了，他拿起愛因斯坦製作的小板凳（那可不是一件成功的作品）問愛因斯坦：「世上難道還有比這更糟糕的小板凳嗎？」

　　愛因斯坦以響亮的聲音告訴老師：「有！」

　　然後，他又從自己的小桌裏拿出了一只板凳，對老師說：「這是我做的第一只。」

　　一雙手並不巧的人最後仍然可以成為一個偉大的科學家，不巧的手因勤奮而顯得無足輕重。另一個小故事，也能說明這一道理。

　　古希臘有位演講家，他的口才很好，每一次演講都能吸引眾多的聽眾。但他年輕的時候卻有口吃的毛病，經常受到大家的嘲

笑。為了改正這一缺點，他堅持天天練習說話。有的時候就跑到山頂上，嘴裏含著小石子，訓練自己的口型，摸索發音的規律。正是勤奮不懈的努力使他改掉了口吃的毛病，說出了一口流暢標準的話，從而實現了做演講家的夢想。自身的缺點並不可怕，可怕的是缺少勤奮的精神。

一個人要勤，就要忌「懶」、忌「惰」。懶惰是人的醜陋人性之一，稍不留神就會流露出來。所以我們要時刻提醒自己：「成事在勤，謀事忌惰」。因為人生短暫，懶惰就如自殺。

懶惰的人始終沉迷於肢體的舒適之中。怕吃苦怕受累是懶惰者的症狀。一無所得，受人嘲笑是懶惰者的下場。

一位探險家在森林中看到一位老農正坐在樹樁上抽菸斗，於是他上前打招呼說：「您好，您在這兒做什麼呢？」

老農回答說：「上一次我要砍樹的時候，風雨大作，結果，那些樹未讓我費力就倒了。」

『您真幸運！』

「你可說對了。還有一次，暴風雨中的閃電把我準備要焚燒的乾草給點著了。」

「真是奇蹟！現在您準備做什麼？」

「所以這次我準備等一場地震幫我把馬鈴薯從地裏翻出來。」

懶惰者，缺少的是行動，他們是思想的巨人、行動的矮子。其實，幸運只給勤奮者，等待只會浪費時間，等不來幸運。懶惰，其實就是否定自己，把自己的生命，一點點送給虛無，而不想做一次奮鬥，拯救自己。懶惰作為一種浪費，浪費的是比任何東西都寶貴的生命。一個人的青年時期，正是人生的黃金時期，這時勤奮一些將來定會受益無窮，相反，若懶惰一些，後患也將無窮。一個成功的人，是不會有任何機會讓懶惰得逞的。

　　只有養成勤奮的習慣，才能在事業上獲得成功。

　　如果你想成為一個能辦事的人，那麼你必須養成勤奮的習慣，因為：勤奮是金！

✿ 養成節儉的習慣

　　節儉這個詞，最初的意義是緊緊抓住我們已擁有的東西，主要是指在經濟方面保持慎重，與浪費和奢侈相對。它意味著自我否定和節省開支，直到我們藉由節儉而累積的財富達到一定程度，我們才可以滿足。

　　節儉的主要特徵在於一點，花的比賺的少，從薪資或收入中累積哪怕是很小的一部分，為了將來的富裕，只要有可能，都要將收入中的一部分按照通常的利率存起來。

✿ 節儉的重要性

　　「每個人都應該意識到，不養成節儉的習慣，就不可能存下一筆錢。」納賽爾‧賽奇說。即使你從一開始只能省下幾便士，也總比什麼都不省好；你會發現，隨著日子不斷過去，從收入中存下一部分錢會變得越來越容易。發現銀行賬戶中存款累積得那麼快，讓人非常驚訝，一個人如果養成這個習慣，將來到老了的時候，就很有可能過得比較富裕。有些人總是把賺得的收入全都花在生活中的各種消費上，他們會發現自己永遠不可能變富。他們總是羨慕那些賺大錢的人，認為他們能夠賺大錢是他們運氣好。事實上，在生意場上，根本沒有運氣這回事。一個總是依賴運氣的人根本就不可能度過所有的難關。那些在生活中取得成功的人，是那些從少年時代開始就有了節儉習慣的人。在學校的時候，他們好好地學習，當他們工作以後，他們從未希望無所事事

就能賺到工資。他們也沒有總是尋找致富的捷徑。他們埋頭苦幹，從不等待一些永遠不會到來的機會。他們明白一個既成的事實，就是時代不斷在變化。

「一個年輕人可能會有很多的朋友，」托馬斯·荷普頓先生說，「但他會發現沒有永遠的、不變的朋友，他們隨時準備向他提出要求，而節儉卻是不斷推動他向前的朋友。儲蓄是成功的原則之一。它使人獨立，它使年輕人有立足之地，它使他充滿活力，它使他受到恰當的激勵。事實上，它為他帶來了成功的很大一部分——快樂和滿足感。」

✿ 節儉的習慣能帶來財富

如果一個美國人從二十多歲起，每天以7％的利息儲蓄二十六美分，那麼當他到了七十多歲的時候，就會有一筆三十二萬美元的財產了。

「節儉就是財富。」這個諺語已經被絕大多數人重複了若干遍，直到我們對它感到厭煩或是滿不在乎為止，但是我們要記住，這句話之所以能成為諺語，是由於它的正確性和重要性。許多人已經證明，節儉雖然不是即時獲得大量的財富，但從長遠來講，它是潛在的財富積累。

英國著名的經濟學家馬歇爾教授評價說，每年都有五億英鎊被英國工薪階層花在一些無助於使他們的生活更快樂或更高貴的事情上面。在一個英國工業協會的會議上，協會主席在一個關於經濟部門的資金核算的演講中說，他相信僅只食物浪費的資金一項，就證明上面所提到的觀點是正確的。造成浪費的潛在原因之一，是許多人不知道怎樣才能經濟划算地花錢，他們既不是好廚子，也不是好管家。愛德華·埃特金斯評價說，在美國，由於糟

糕的廚藝而造成的浪費就超過了一億美元。

　　「他開始的時候應該有好的習慣和能力，這些好的習慣和能力就是節儉、誠實和經濟的算計，」菲利浦‧D‧阿莫說，「為什麼一個人應該有儲蓄的習慣並會由此獲取成功，是沒有太多理由好講的。」當被問及是什麼因素使他獲得成功時，阿莫先生說：「我想節省和經濟有很大關係。我有很多好的習慣是來源於母親的訓練和蘇格蘭祖先遺傳下來的節省和經濟的好傳統。」

　　「一個人應該培養儲蓄的習慣，」已經過世的馬歇爾‧菲爾德說，「不管他的收入多麼少。」

　　事實證明，第一筆存款是大多數人工作生涯中的一個轉折。但實際上現代都市的人非常不懂得節儉，生活奢侈，向別人炫耀自己的財富是當今這個時代的普遍現象。有人曾說過：「藉由對比較富有的家庭的調查表明，一家的家長如果很奢侈、浪費，那麼他們的兒女就會很輕易地繼承這種生活方式。」

　　富蘭克林說：「如果你能做到支出少於收入的話，那麼你就等於得到了舊時鍊金術士認為能使金屬變成黃金的點金石。」對許多人來說，由於他們沒有節儉的習慣，因此他們就永遠也找不到「點金石」。他們總是入不敷出，不會節省開支。如果他們能夠及時學會節儉的話，那麼他們就會很容易地開始獨立生活。

　　約翰‧雅各布說他獲得第一筆一千美元存款時所付出的要比他獲得第一筆十萬美元的存款所付出的多很多。但如果他沒有省下這一千美元存款的話，那他很可能就會死於貧困了。安德魯‧卡內基說：「一個人最先要做的事情應該是存錢。存錢可以使人變得節儉，而節儉是所有行為習慣中最有價值的。節儉是偉大幸運的製造者，它是區分野蠻人和城市居民的標準。節儉不僅會使信譽度增加，同時也會賦予人們良好的品格。」

🏵 養成節儉的習慣就要學會自我克制

　　當然，我們所說的讓人們存錢的節儉，並不是指省吃儉用，對日常生活必需品的開支進行限制，而是要放棄各種奢侈的消遣娛樂活動，這些活動既會榨乾我們的錢包，也會對我們的身體和大腦產生腐蝕作用。

　　大多數人都不願進行自我控制的嘗試，不願放棄目前的快樂安逸而換取美好的未來。他們把錢都用來換取短暫的滿足和眼前的快樂，而並不考慮明天的生活如何去過。他們嫉妒那些比他們更加有錢的成功人士，並想知道為什麼自己不能過得更好。他們從不為自己的未來存錢，也不儲備知識。松鼠都知道生活的這個世界不可能一直都是夏天。因此牠們會儲備過冬的食物。但是大多數人都不會存錢，賺多少花多少，以至於當他們生病或老了的時候，生活沒有任何保障。沒有什麼事情是可以從頭再來的，他們的現狀建立在犧牲美好未來的基礎上。

　　生活放蕩會使人的能力無意識地、悄悄地溜走。許多人把較多的金錢用於不必要的東西上，諸如雪茄、酒、各種各樣的糖果、汽水以及各種稀奇古怪的小飾物，他們稱這些東西為「補充品」。相反地，他們花費在生活必需品、衣物和房屋上的錢卻很少。由於他們對購物的欲望缺乏控制，而且也不關心錢的去向，因此他們很難知道他們都把錢用在哪些地方。他們總是很隨意地這裏花五十元那裏花一百元，買點這個買點那個，雖然每次的花費都很少，但是一週總計的花費就會很多，一年的總開銷就更加是一個龐大的數字。

　　「他從來不存一分錢。」每天我們都能聽到這種描述那些能賺多少錢就用多少錢的人。

　　不久前，一個紐約的年輕人向他的朋友抱怨說自己很窮，沒

有能力存錢。

「你在奢侈品上的花費是多少？」他的朋友問道。

「奢侈品！」這個年輕人說，「如果你所說的奢侈品指的是雪茄和酒的話，那麼我每週花費在奢侈品上的錢不會超過六美元，當然包括偶爾請朋友抽一支雪茄或喝一杯了。大多數男孩在這方面都比我花得要多，但是我很克制自己在這方面的開支。」

「十年前」，他的朋友說，「我和你一樣，每週在同樣的東西上花費差不多相同的錢，而且每個月我還要為我住的那個並不舒適的房間付三十美元。結婚後，我對妻子說我要滿足她一切高雅的需求。但是，她回答道，『約翰，如果你真的愛我的話，那就放棄這種想法，因為它會使你受到傷害。如果我們把這筆錢省下來的話，用不了十年我們將會擁有一棟非常好的房子。』

「她拿來一枝鉛筆和一張紙坐在我的旁邊，沒過五分鐘就向我證明，她所說的是切實可行的。記得那天我們在郊外一起用餐，你還說我的小屋是多麼美麗和適用。那個小屋花了三百美元，而這筆錢就是我把抽菸、喝酒的錢節省下來買的。藉由節儉，我現在擁有了一位快樂的妻子、一幢美麗的房子，我學會了自我控制，獲得了健康和他人的尊重，成為了一個真正的男子漢，獲得了更加長久的幸福。我希望那些在菸酒中尋找快樂的年輕人們，無論他們是否對此上癮，都應該仔細思考一下，用紙和筆計算一下，這樣他們就會發現他們所獲得的要比他們失去的少得多。」

⚜ 節儉的習慣能夠帶來更多的東西

另外，節儉的習慣意味著一個人的一種新的野心的建立。它使人增強了自信和自立的精神。任何銀行的賬戶和保險單都表

明，人們渴望改善自己的生活，想生活得更好。它代表著希望、代表著野心，同時也代表做得更好的決心。

人們都希望那些不是非常貧窮的人能夠把自己的一部分收入存起來。如果年輕人能做到這一點，就表明他具有非常優秀的品質。

商業人士說，如果一個年輕人在節省錢的話，那麼同時也在節省自己的精力和體力，以免浪費；同時也表明他對世界充滿了希望，還表明他是明智的、有遠見的，他不會因暫時的快樂而犧牲將來更多的收穫。

一個足夠你生活舒適的銀行賬戶將增加你的自尊和自信。因為它能夠表明你的實際能力和較強的獨立性。如果你知道自己有一筆固定數量的金錢或是某種安全的投資，那麼你就可以有信心面對這個世界，同時也有自信面對錯誤。

這將在你的背後支持著你的意識，將使你在任何時候都會變得強壯，同時它會阻礙那些對人有害的東西縈繞在人們左右。它將會減輕你對未來生活的緊張與擔憂，同時它會使你發揮出自身潛在的最大能力，把這種能力從壓力、恐懼中解放出來，你就會在一種自由的最佳狀態下工作。

養成節儉習慣的兩種途徑

藉由儲蓄我們可以養成節儉的良好習慣，而買人壽保險同樣也可以養成節儉的好習慣。

誰都對銀行存款造就人們良好品格的有效性深信不疑，但是人壽保險有著更大的優點。人們可以在得到某筆錢的時候把它存到銀行，但是一旦他們有某種強烈的購物欲望時，他們就會把這筆錢花掉，如果買了人壽保險後，情況就會有所改變。

人們獲得金錢後，會像喊別人名字那樣把錢輕易用於各種開銷中。這就是為什麼許多理財專家經常把人壽保險作為一種節儉方式向人們推薦的原因。它對人們養成節儉的習慣有著難以用語言表達的作用。

是的，人壽保險可以促使人們建立節儉的習慣。當一個有著固定工資收入的人投保了一份保險之後，那麼他就有了一個確定的目標，他每年就要從他的收入中拿出一部分來支付保險費用。那麼他就可以對各式各樣的誘惑堅定地說「不」。他也能夠對一些重要的東西說「不」，因為他知道自己必須保有這份保險。

一份保險單通常會使一個不懂得節儉的家庭中的所有成員變得節儉起來。因為這個家庭必須在每週或每個月或每年付一筆固定數額的錢，這就使得他們能夠在家庭開支上精打細算，變得節儉起來。

每個人都會很謹慎，因為他們不得不支付保險費用。每個人都出於一種保護自己身邊所愛的人的意識而把支付保險費當作一種神聖的義務。這樣他就不會愚蠢、衝動地為了滿足自我需要而花費大量的金錢。

人壽保險單是一種品格保險，一種防止愚蠢消費的保險，是一種對自己真正的保護手段。

🏅 清醒地面對節儉的敵人

節儉的不共戴天的敵人包括借款、對日常消費沒有清楚地記載、分期付款購買東西等。英國偉大的傳教士斯博金說，債務、骯髒和魔鬼三位一體構成了邪惡。債務可以在任何時候讓人忽視魔鬼給人帶來的痛苦和折磨。借款的誘惑正在快速增長著。在城市的每一個角落，人們都可以看到這樣一些廣告詞「我們相

信你」，「你的借款對我們有好處」，這些都用於購買衣物、家具以及那些不是輕易買得到的東西。但是當一個人藉由分期付款購得一套家具後，他評論道：「它們確實是昂貴的東西。」事實上，這種容易支付所帶來的安逸舒適只是因為很適用於得到想要的東西。

面對分期付款的誘惑人們要保持清醒。每個人都應省下一筆錢用來應付緊急事件。

可能會有人經常玩世不恭地說：「貧窮不是一種恥辱，而只會帶來不舒適。」但是貧窮經常都是一種真正的恥辱。那些出生於貧窮之中的人可能會因貧窮而奮發向上，那些被強迫接受貧窮的人可能會克服貧窮。

約翰遜博士對博斯韋爾說：「我警告你要避免貧窮，因為它會給你帶來各種誘惑和焦慮。」

貧窮不是光彩的。如果我們不能成功地有所積累的話，那麼我們就會被認為是一無是處的、懶惰的、不認真的以及奢侈的。他人會覺得要麼我們沒有能力賺錢，要麼我們不會節儉。

但要記住節儉不是小器吝嗇，它通常表示大方的消費。它可以永久地防止我們把重點放在一些錯誤的東西上。

布林沃說：「如果我每年有一萬英鎊的收入，那麼我就不需要任何人的幫助，至少我可以擁有麵包和自由。但是如果我一年賺五百英鎊，那麼我的心中就可能會響起懼怕自己的鈴聲，對傭人專橫跋扈，驅逐那些與我意見不和的人，那些狠毒的放高利貸者就會想吃我的肉喝我的血。貧窮的人花費的要比他們擁有的多，沒有窮人會花費得很少。我如果每年收入五百英鎊的話，我就花錢買貧窮最壞的方面——恐懼和害羞。我如果每年收入一萬英鎊的話，我就會花錢買來財富最好的祝福與尊重。」

✿ 節儉是成功的美德

　　提到節儉，人們馬上就會想起金錢，其實節儉不僅適用於金錢問題，而且也適用於生活中的每一件事，從明智地使用一個人的時間、精力，到養成小心翼翼的生活習慣。節儉意味著科學地管理自己和自己的時間與金錢，意味著最明智地利用我們一生所擁有的資源。

　　羅斯貝利勳爵在論述節儉時認為，所有偉大的帝國必須遵循的原則就是節儉。

　　「就拿偉大的羅馬帝國來說吧，它有許多方面在歷史上都是最偉大的，曾經一度雄霸世界。它因節儉而建國，然而當它奢侈浪費時，就開始衰退並走向滅亡。又比如普魯士，它開始時是位於北歐的一個小而窄的沙灘地帶。正如有人所說的，從普魯士的地形到它全副武裝的居民，所有這一切都使普魯士咄咄逼人。弗雷德瑞克大帝賦予普魯士以節儉的品格。他甚至藉由近乎吝嗇的節儉手段斂聚了鉅額的財富，建立了龐大的軍隊。節儉最終成為普魯士建立偉大基業的有力武器，並且今天的日爾曼帝國也由此發跡。再比如法蘭西，在我看來，法蘭西實際上是最節儉的國家。我不知道法蘭西人是不是總把錢存在銀行，是不是也像其他某些國家一樣去計算有多少存款。然而，在一八七〇年這個災難的年頭以後，當法蘭西頃刻間被外國軍隊擊敗，因幾乎沒有一個國家能夠承受的賠款而遭受重創時，你知道什麼事情發生了嗎？法蘭西的農民把他們多年的積蓄統統獻給了國家，在短得令人難以置信的時間內付清了鉅額賠款和戰爭費用。羅馬和普魯士以節儉建國，而法蘭西以節儉救國。」

　　節儉不僅是斂聚財富的一塊基石，也是許多優秀品質的根本。節儉可以提升個人的品性，厲行節儉對人的其他能力也有很

好的助益。節儉在許多方面都是卓越不凡的一個標誌。節儉習慣表明人的自我控制能力，同時也證明一個人不是其欲望和弱點的不可救藥的犧牲品，他能夠支配自己的金錢，主宰自己的命運。

一個節儉的人是不會懶散的，他有自己的一定之規。他精力充沛，勤奮刻苦，而且比起那些奢侈浪費的人更加誠實。

如果你養成了節儉的美德，那麼就意味著你證明了自己具有控制自己欲望的能力，意味著你已開始主宰你自己，意味著你正在培養一些最重要的個人品質，即自力更生、獨立自主、謹慎小心、深謀遠慮，以及聰明機智和獨創能力。換言之，就表明了你有生活的目標，你是一個非同一般的人。

一位作家在談到節儉時說：「節儉不需要超常的勇氣，也不需要超常的智力和任何超人的本領，它只需要常識和抵制自私享樂欲望的能力。實際上，節儉不過是日常工作活動中的常識。它不一定要有強烈的決心，而只要有一點點耐心和自我克制。養成節儉習慣的方法就是馬上開始厲行節儉！自我克制者越節儉，節儉就變得越容易，他們為此所做的犧牲就能越快得到回報。」

第三章：積極學習的習慣

　　讀書的美妙之處：它可以藉由你的觀察力產生力量，並立即改變你的人生。它還可以積聚使人生發生改變的知識。

🏅 一本好書的力量

　　下面這個故事講述了一本書是如何改變了馬修‧麥康納——一個年輕的好萊塢演員的一生的故事。他曾擔任由約翰‧格里斯漢的暢銷書改編成的電影《伺機復仇》的主角。而改變他一生的這本書為《世界上最偉大的推銷員》。

　　馬修‧麥康納說：「在德克薩斯大學，我的入學專業是法律。可是當我讀了《世界上最偉大的推銷員》的前兩章後，我立刻覺得我最想上的是電影學校。第二天，我便改變了主修專業。」

　　在大學的時候，麥康納在一部低成本的影片《意亂情迷》中扮演了一個角色。由於他的表演非常出色以致導演根據他的表演特質，修改了劇本，以延長他的表演時間。他出色的表演很快引起了好萊塢的注意。在搬到洛杉磯幾個月後，他成功地在幾部高預算、大投入的電影裏擔任主要角色，其中包括《伺機復仇》和史蒂芬‧史匹伯的《阿米斯泰德》。

　　的確，馬修‧麥康納很有天賦且人也長得帥氣，但對於那些有意當演員的其他成千上萬的大學生來說，他們同樣擁有這些特質；不同的是，麥康納利用這些天賦做了一些事情。

　　讀一本書不可能立刻提高你的知識水準，可是讀一本書，僅一冊實實在在的書，的確能夠使你加深對自己的瞭解。藉由讀

《世界上最偉大的推銷員》這本書，馬修‧麥康納明白了自己真正的追求，並認識到變得富有意味著把自己的天賦和才能發揮得更好，而不僅僅是增加你銀行賬戶上的存款數字。

這就是讀書的美妙之處：它可以藉由你的觀察力產生力量，並立即改變你的人生；它還可以積聚使人生發生改變的知識。無論哪種方式，讀書都能擴大你的視野，並且以各種你所不能預測的方式使你成長。

讀書是如此有力量，哪怕是單獨一本書，甚至一個簡單的句子，都可能改變你的一生。《世界上最偉大的推銷員》激勵了麥康納。我們可以肯定，當他拿起這本書來讀時，並不是抱著讀兩個章節，然後第二天就完全改變生命方向的目的的。

但我們誰都不可否認，書寫的文字是如此有力量，它能讓一個人停止走向死胡同，從而完全改變你一生的前進方向。

當我們研究成功人士的事跡時，常常發現：他們的成功一直可以追溯到他們拿起書籍的那一天。

在我們接觸過的事業成功人士之中，大多數人都酷愛讀書，自小學開始，經由中學、大學，以至於成年之後。

區別成功人士和普通人最簡單的方法，就是前者喜歡讀書。

大約有3/4的成功人士在小學和中學時讀過的書，是其他人無論如何也趕不上的。

60％左右的成功人士在大學時的閱讀量遠遠超過他們的同班同學。

時至今日，這些成功人士的年平均閱讀量也在二十本書上下。小說與文學傳記各占一半，高出普通人很多。

也許你對教育工作者一年平均閱讀二十幾本書不會感到任何驚訝，還認為是理所當然的。可是，如果是在同一時期，成功人士也閱讀了十五本至二十本書，你又有何感想呢？

　　那些成功人士一年要閱讀的書平均起來每人大概有二十本左右，或每三週至少看一本書，他們閱讀的內容涉及政治、經濟、文學等各個方面。這就說明有半數以上的成功人士都有很大的閱讀量。

　　事實上，有19％的成功人士說他們一年至少要閱讀二十六本書，這些書中小說類與傳記文學類各佔一半。

　　雖然有很多成功人士都列出了不同的愛好及家庭的活動作為他們最喜愛的休閒娛樂，但是時至今日，閱讀仍是最流行的一種消遣方式。這並沒有什麼可讓人驚訝的，因為成功與閱讀之間具有互補的作用，但是成功人士是怎樣從閱讀中獲得成功的方法，提高他們自身的素質的呢？

　　一家百貨公司的前任董事長賽伯特在《道德的經理人》一書中曾說：「我無法告訴你，若想事業成功，需要閱讀些什麼書的準則，但我可提供一些指南，或許有助於你對成功的想像。首先，讓我們考慮你每天需花多少時間閱讀。在工作中不得不去閱讀的，無非商業書信或工作所需的閱讀，報紙、雜誌、書等。」

　　「我每天花上數小時在『課外』讀物上。假如我搭乘火車或飛機旅行的話，通常會閱讀時刻表及各個站名之類的資料；當我出門度假時，每天也會花二至三小時在一般性的閱讀上……看書的重點是看閱讀的東西是否有意義，如果是，千萬不要捨不得在這上面花時間。我們絕不能低估書籍的價值。」

　　書雖然是一種沒有聲音的東西，但是它對人類的影響卻是非常深遠的，如果你經常閱讀各行業成功人士的傳記或者是自傳並藉由靜心的思索，你就有可能從中找出適合自己的成功之路來。

　　俄國著名的學者赫爾岑說過：「書是和人類一起成長起來的，一切震撼智慧的學說，一切打動心靈的熱情都在書裏結晶形成；書本中記述了人類生活中宏大規模的自由，記述了被稱為世

界史的宏偉自傳。」

　　書籍蘊涵著千百年來人類的智慧與理性，正因為其中的人性之處，才使得一些書籍顯得偉大，所以書籍燦然有光。書籍是一種工具，它能在黑暗的日子裏鼓勵你，使你大膽地走入一個別開生面的境界，使你適應這種境界的需要。

　　所以古人云：「天下才子必讀書。」

　　讀書，是你事業的必由之路，是你走向成功的鑰匙。

　　我們可以發現，有很大一部分成功人士並不一定能受到十分良好的教育，因為許多人是窮苦人家的孩子。他們之所以能成功，除了有一個遠大的志向、堅強的性格和家庭的影響外，往往得益於某種啟迪。這種啟迪除了書之外，還能是什麼呢？

　　眾所皆知，愛迪生僅在學校進行了三個月的學習便退學了，愛迪生沒能受過良好的教育，他的母親是他的真正啟蒙老師。

　　母親教他算術、歷史、地理、英文、文學等多門課程，並在傳授知識的同時，不斷地擴大愛迪生的知識面，啟發愛迪生的智力，同時母親還經常鼓勵他，希望他能好好讀書以便日後成就一番事業。

　　母親還經常為愛迪生購買一些科學讀物，在這些讀物中有一本題名為《派克科學讀本》的書把愛迪生深深地吸引住了，並為愛迪生豐富的想像力插上了科學的翅膀。

　　如果你認為愛迪生的成功除了受到母親的教育啟蒙和堅忍不拔的品質外，還與偶得《派克科學讀本》而獲得了開啟人生成功的這把鑰匙有關。那麼我們還可以看看富蘭克林，要知道，他的成功絕不僅僅源於某一本書。

　　恐怕沒有人會在富蘭克林這個名字面前無動於衷，即使你不是一個美國人，沒有享受過富蘭克林對於美國民主所做出的一切貢獻，但你總會感受到避雷針的好處吧，富蘭克林就是它的發明

人。

　　讀過《富蘭克林自傳》的人可能都會感受到這一點：書對於富蘭克林來說有多麼重要。

　　富蘭克林在家裏排行最小，他身體健康、一張圓臉、一雙靈活而又機智的眼睛。他與別的孩子一樣，調皮淘氣。可是他喜愛讀書。

　　在耶誕節快要來臨之時，父親撫摸著他的頭髮，關愛地問：「貝恩，你耶誕節最希望得到什麼樣的禮物？」

　　富蘭克林回答說：「書包，父親，我要書包！我有了書包後，就能像吉美那樣去上學了！」

　　這個回答大大出乎了父親的意料。

　　早在富蘭克林七歲時，他就開始自己讀書了，而且經過一段不長的時間後，他幾乎已將父親書架上的書全都讀過了一遍。

　　他還能寫出一些短小的詩歌，而且曾經把他寫的詩附在父親寫的信裏，寄給了家住倫敦的伯父，並且受到了伯父的稱讚。

　　由於家境困難，富蘭克林中途輟學到詹姆士的印刷廠當了一名學徒，當時他年僅十二歲。

　　在此期間，富蘭克林結識了一名書店的學徒，他利用和書店學徒的關係，將他所喜愛的書在晚上借出，第二天早上歸還。從此以後，他就開始夜夜苦讀。

　　富蘭克林愛讀書的習慣遠近聞名。由於晚上讀書時需要大量的蠟燭，他就悄悄地請求夥伴們為他收集一點剩蠟燭好方便他能利用晚上的時間讀書。後來夥伴們的家長知道了這件事，就主動為他積存一些，有時還送給他一枝。

　　富蘭克林刻苦讀書的精神使他周圍的人們非常敬佩，所以，大家都想辦法地幫助他。

　　他回家時，他的朋友與家長們就把平時積存下來的一些蠟燭

頭作為禮物送給他。

所以每次富蘭林從印刷廠回家時總能收到一份特別的禮物
——家長們為他準備的蠟燭頭。

俗話說的好，學然後知不足。對於富蘭克林的求知欲來說，
就像一塊永遠不會吸飽的海綿。

他讀的書越多，越覺得自己知識上的貧乏，就越想到群書之
中博覽一番。

富蘭克林為了滿足讀到更多書的願望，他召集了幾個愛好讀
書的朋友共同組織了一個讀書俱樂部，取名為「共同社」。其成
員都把自己的書拿出來，建立了一個小型圖書館，使每個成員都
能讀到更多的書。

在「共同社」的支持下，三年之後，富蘭克林又創辦了一個
規模更大的費城公共圖書館。這個圖書館的創辦還得到了社會各
界的資助，並且越辦越興旺，當年小而且簡陋的圖書館，日後竟
發展成為北美公共圖書館之母。

從此以後，富蘭克林開始取得事業上的成功，他又計劃建立
了美國第一家圖書館。這時共有一百人捐款，羅克登大律師還把
捐贈的一些事宜表述為法律的形式，並使之成為北美洲募捐圖書
館之母。

康德對富蘭克林的評價實在是再恰當不過了：「富蘭克林是
從天上偷竊火種的第二個普羅米修斯。」

列寧一生之中都極重視讀書與學習。在其逝世的前幾個月，
他還在一篇文章中這樣寫道：「我們一定要給自己提出這樣的任
務，第一是學習，第二是學習，第三還是學習，然後要檢查，使
學問真正深入到我們的血肉裏面去。」

同樣，科學界的巨人愛因斯坦對讀書也是一往情深。他在中
學時代就喜歡讀那些自然科學的故事，對於隕石、地震、風暴等

等方面的書，都如饑似渴地閱讀，在蘇黎世聯邦工業大學時，他曾為自己制訂了一份學年、學期和每月的讀書計劃，依次閱讀哲學家柏拉圖、拉莫、笛卡兒、培根、亞里斯多德、康德和物理學家牛頓、麥克斯韋、赫茲、拉普拉斯等人的著作。

在不斷地讀書與學習中，他才累積了如此淵博的知識，並在此基礎上提出了他那超越時代的狹義相對論。

大文學家魯迅也幾十年如一日地保持著勤奮讀書的好習慣。他平時除了寫作外，就是讀書，當他感到累了或睏了就靠在籐椅上翻翻報紙、看看雜誌，把讀書當作了一種休息與娛樂。

即使在魯迅逝世的那一天，在他呼吸十分微弱，血壓反常的情況下，他還向其妻許廣平要了一份當天的報紙，對上面的消息和文章做了詳細的閱讀。

不用再更多地舉例了，擁有了書你才可能擁有整個世界。

你需要讀書，讀書是積累知識最直接的方式。以書為友，你將獲益良多。

第四章：誠實守信的習慣

　　誠實是一種美德，更是一筆財富，每個人都應該培養自己誠實的美德，作為我們成功人生的一種投資。

🏅 誠實品質的力量

　　阿伯德・卡德的母親這樣告訴他：「去吧，孩子，我把你交給上帝了。」在給了他四十個銀幣之後，母親又讓他發誓，無論什麼時候都不要撒謊，「孩子，可能在接受上帝的審判之前，我們再也沒機會見面了。」

　　這個年輕人離開家去賺錢了。但是幾天之後，他們一行人遇上了搶劫的強盜。

　　「你身上有錢嗎？」一個強盜問他。「有四十個銀幣縫在我的外衣裏面。」阿伯德・卡德老實地回答說，但是這個回答卻令強盜們狂笑起來。「你身上到底有多少錢？」另一個強盜惡狠狠地問道。這個老實的年輕人又重複了他剛才的回答。但是，根本沒有人將他的話放在心上，就是因為他說得太坦白了，反而沒有人相信了。

　　「到這邊來，孩子，」強盜團夥的首領說，他早就注意到了他的兩個手下盤問的這個年輕人了，「告訴我，你身上到底有沒有錢？」

　　「我已經告訴過你的兩個手下了，我的衣服下面縫了四十個銀幣，但他們看來並不相信我。」

　　「把他的外衣掀起來。」強盜首領命令道，於是很快地那些銀幣就被搜了出來。

　　「你為什麼要說出來？」那夥強盜詢問他。

「因為我不能背叛我的母親，我向她發過誓——我永遠都不能撒謊。」

那夥強盜聽到這句話，心頭一顫，好像都被感動了。那首領對他說：「孩子，你雖然這麼年輕，但卻對你向母親承擔的責任如此認真，而我的所作所為與你有天壤之別。尤其是我作為一個成年人，對於上帝賦予我的責任怎麼能如此視若無睹呢？把你的手伸給我，我要按在你的手上重新發誓。」

他說到做到，他的手下也被深深地打動了。

「在犯罪的時候，你是我們的首領，」他的一個下屬說，「那麼，最起碼，在走上正軌的道路上，你也是我們的領袖。」那人也握住男孩子的手，像他的首領那樣重新發誓。然後，這些人一個接一個地仿效他們的首領在男孩子的面前重新又發起了誓。

所以，誠實的美德即便是從小孩子身上表現出來，也會在周圍的人中間產生積極的影響。它可能產生不了像在阿拉伯故事中那種驚人的效果，但無論如何，周圍的人是能夠感覺得到美德的存在的。

「如果還沒有找到誠實的美德的話，那我們也應該在誠實的品質和名聲方面進行投資，以此作為最好的發財致富的方式。」米拉波曾這樣說過。

「瓊斯先生，」埃森·艾倫來到他的律師瓊斯的辦公室，說道，「我欠了一位在波士頓的先生六十鎊錢，現在他已經差人把借據送來催債了。可是，現在我沒法還他，想請你把還債日期推遲一下，等我賺夠了錢，我就把錢還給他。」「好吧。」瓊斯先生說。

等到了法院開庭的時候，瓊斯先生站起來發言：「尊敬的法官大人，我們對借據上這個簽名的真實性表示懷疑。」他知道，

基於這個理由法庭就要從波士頓傳喚證人，這樣艾倫就有時間準備還債的錢了。

但此時艾倫竟大叫起來，他的聲音如同鐘鳴般巨大：「瓊斯先生，我不是雇你到這兒來撒謊的！這是一張真實的借據！我簽過字的！我可以發誓，我會還的！我並不是想抵賴，我只是需要時間。我雇用了你只是想讓你說服法庭推遲還債的日期，等法庭下次開庭的時候再還，而不是請你來這裏撒謊和矇騙的！」這位律師知趣地退卻了，但法庭還是同意把還款日期延遲。

「如果我雇用了你，」底特律一家雜貨鋪的老闆對一個剛到店裏來求職的男孩子說，「我想你會按照我說的去做吧？」

「是的，老闆。」

「如果我告訴你白糖的品質是上乘的，而實際上它們的品質卻是很差的，你會怎麼說？」

男孩子一分鐘也沒猶豫，他說：「我會說它們品質上乘。」

「如果我告訴你咖啡是純淨的，雖然你明明知道裏面有大豆，你又會怎麼說？」

「我會說咖啡是純淨的。」

「如果我告訴你奶油是新鮮的，而它們實際上卻已經在店裏保存了一個月了，你會怎麼說？」

「我會說奶油是新鮮的。」

這個商人的神色顯得有點惶恐，他非常嚴肅地問道：「你要多少錢才會為我幹活？」

「一週一百美元。」這個男孩子以一種生意人的口吻回答道。

這個小雜貨店老闆差點從凳子上掉下來，他又無比驚奇地重複了一遍：「一百美元一週？」「而且，兩週以後還要按一定的比例增加，」這個男孩子冷冷地說道，「因為，你知道，一流的

騙子也要有一流的價碼。如果你的生意中需要一流的騙子，那麼你就得付出一流的工資。若不然的話，我只要每週三美元就可以為你工作。」

男孩子以其人之道還治其人之身，結果，以每週三美元的工資得到了這份工作。

不要忘記，最終決定一個人能否成功的關鍵還是在於他是否誠實。即使一個不具備誠實本質的人能夠取得成功，那也是暫時的。

誠懇的魅力

誠懇是一種特質，能帶來自我滿足、自我尊重，是一天二十四小時都伴隨我們的精神力量。它將指引我們獲得榮耀、名聲及財富──或是將我們發配到失敗的悲慘境地。

還記得美國內戰時期的林肯總統嗎？他可以說是一個最誠懇的人了。

有一次，林肯的一位朋友告訴他，他的敵人在背後惡意中傷他。

「我並不在乎他們怎麼說，」林肯回答，「反正他們說的又不是真話。」坦蕩的個性使林肯不受流言蜚語所困。

誠懇是一種動機。在別人把他們的時間、精力或金錢交給你之前，有權利質疑你的誠意。因此，你在準備進行一項計劃之前，先瞭解自己是否有誠意。問問自己：「我是否想要用良好的服務或產品，賺取合理的利潤；或者我希望不勞而獲？」向別人證明你的誠意非常困難，但是你必須隨時準備好，努力表現出你的誠意。

馬莎‧貝利創辦了一所學校，讓北喬治亞州貧民區、山區

的兒童就讀，由於那些孩子的父母無力供他們上學。初期學校的收支很難平衡，她盡力籌措資金維持下去。後來她求見亨利‧福特，講明學校的情形，請求福特捐一點錢。但他拒絕了。「好吧！」貝利說，「那麼請你給我一袋花生好嗎？」

這個難以想像的要求令福特無法拒絕，於是給了她買花生的錢。貝利小姐和學生們共同把花生種到土裏，經過幾次的收成，累積了相當大的一筆錢。然後她帶著錢又去見福特，說明了她如何使他的小額捐款增加為幾倍。福特非常感動，並且捐助了足夠的拖拉機及農場設備，幫助她的學校農場自給自足。幾年之內，他又陸續捐助逾百萬美元，用這些捐款建造的美麗石材建築，迄今仍然矗立在校園之內。

「她的誠懇和別出心裁的募款方式，」福特說，「實在讓我感動。」馬莎對於自己所做的事情有著堅定的信心，以實際的行動說服了福特，從懷疑她、拒絕她進而幫助她。她深信自己的努力非常有意義，永遠不因挫折而屈服。

面對困難時，你對於達成目標的誠意，將幫助你度過艱難的時期。如果你知道自己所賺的每一塊錢，都真誠地為別人提供相對的價值，就能逐漸形成良好的口碑。

真誠地幫助別人，可以達成你自己的人生目標。這樣一來，就是在生意淡季或低潮之時，你的顧客仍將會應接不暇。

誠信是經商的基礎

一些年輕人開始經商時，常常抱著這樣的看法，即認為一個人的信用是建立在金錢基礎上的。一個有錢的人、有雄厚資本的人，就有信用，其實這種想法是不對的。與百萬財富比起來，高尚的品格、精明的才幹、吃苦耐勞的精神要高貴得多。

　　任何人都應該努力培植自己良好的名譽，使人們都願意與你深交，都願意竭力來幫助你。一個明智的商人一定要把自己訓練得十分出色，不僅要有經商的本領，為人也要做到十分的誠實、守信和坦率，在決策方面要培養起堅定而迅速的決斷力。

　　有很多銀行家非常有眼光，他們對那些資本雄厚，但品行不好、不值得人信任的人，絕不會放貸一分錢；他們反而願意把錢借給那些資本不多，但肯吃苦、能耐勞、小心謹慎、時時注意商機的人。

　　銀行信貸部的職員們在每次貸出一筆款項之前，一定會對申請人的信用狀況研究一番：對方生意是否穩當？能否成功？只有等到覺得對方實在很可靠，沒有問題時，他們才肯貸出款項去。

　　任何人都應該懂得：人格是自己一生最重要的資本。要知道，欠錢不還時，其實是在拿他的人格做典當。

　　羅賽爾·賽奇說：「堅守信用是成功的最大關鍵。」一個人要想贏得人家的信任，一定要立下極大的決心，花費大量的時間，不斷努力才能做到。

　　有一次成功學大師卡內基去拜訪一家大雜誌的主編約翰·格林先生，詢問他對人如何獲得信用的看法。他說了以下幾點：

　　「第一，他必須注意自我修養，善於自我克制，做事必須懇切認真，建立起良好的名譽；他應該隨時設法糾正自己的缺點；他的行動要踏實可靠，做到言出必有信，與人交易時必須誠實無欺——這是獲得他人信任的最重要條件。」

　　「其次，一個想要獲得他人信任的人，必須老老實實做出業績來讓人看，證明他的確是判斷敏銳、才學過人、富於實幹的人。一個才能平平的人把多年的儲蓄都拿來投資到事業上，固然是很好的事情。但如果他在某一方面有所專長，他給人留下的印象要比沒有專長的人好許多倍。因為在這樣一個企業和職業都專

業化的時代，一個無所專長又樣樣都懂一點的人物，與那些在某一領域有所專長的人相比，總是競爭力不夠。所以，如果一個人身上有一筆最可靠的資本──在某一領域有所專長，那麼無論他走到哪裡，他都將受到他人格外的重視。」

「第三，一個商人要想成功，他更需要一種最可貴的資本──良好的習慣。有良好習慣的商人遠比那些沾染了各種惡習的人容易成功。世界上本來已有不少人快跨入成功的門檻，但是因為有一些不良的習慣，使得他人始終不敢對他心存信任，他的事業因此而受挫於中途，無法再向前發展。那些沾染了各種惡習的人，自己大都是不太清楚的，但那些與他交往、產生業務往來的人卻看得很清楚，因為他們大多是很看重這些問題的。」

「一個人的品格大都是經過他的習慣來培植成功的。有些人原來品格優良，但後來因為沾染了一種惡習，結果再也沒有出頭之日。很多人一開始很不注意自己的習慣，覺得那只是暫時的小事。但是，久而久之，他可能會因為一些惡習而為人所排擠，到時候他可能會懊悔起來，開始反思：『想不到那樣隨便玩玩也會成為改不了的習慣。』但是，到時再懊悔又有什麼用呢？」

一個有志成功的人，為了自己的前途無論如何都要抵制不良的誘惑，在任何誘惑面前都要堅定決心、不為所惑。他必須永遠善於自我克制：不飲酒，不參與賭博，不弄虛作假，不因為毫無意義的享受而舉債，不上賽馬場。他的娛樂方式應該是正當而有意義的。否則，只要稍動邪念，他就可以一下毀掉自己的信用、品格和成功。如果去仔細分析一個人失敗的原因，就可知道多半是因為那人有著種種不良的習慣。

那家雜誌社的社長查爾斯·克拉克先生也對卡內基說：「很多人能獲得成功靠的就是獲得他人的信任。但到今天仍然有許多商人對於獲得他人的信任一事漫不經心、不以為然，不肯在這一

方面花些心血和精力。這種人肯定不會長久地發達，可能用不了多久就要失敗。

「我可以十分有把握地拿一句話去奉勸想在商業上有所作為的人：你應該隨時隨地地去加強你的信用。一個人要想加強自己的信用，並非心裏想著就能實現，他一定要有堅強的決心，以努力奮鬥去實現。只有實際的行動才能實現他的志願，也只有實際的行動才能使他有所成就。

「也就是說，要獲得人們的信用，除了一個人人格方面的基礎外，還需要實際的行動。任何一個人在剛跨入社會做事時，絕對不會無緣無故地立即就能得到別人的信任。他必須運用所有力量，在財力上建立堅固的基礎，在事業上獲得發展、有所成就。然後，他那優良的品行、美好的人格總會被他人發現，總會使人對他產生完全的信任。他也必定能走上成功之路。我們雜誌社外派去採訪社會名人的記者最在意的倒不是那個成功者的生意是否興隆，進賬是否多；他們最在意的往往是那個人是否還在不斷進步，他的品格是否端正，他的習慣是否良好，以及他創業成功的歷史、他的奮鬥過程。」

很多人都沒有注意到：越是細小的事情，越容易給人留下深刻的印象。比如，你向人借錢後，到了約定的日子仍沒去還錢，你隨口說過幾天再說吧。對方如果稍有判斷力，他一定可以看出你是一個怎樣的人，你的信用狀況又是怎樣。

儘管有些人平日為人的確誠實可靠，但他們有一個毛病，那就是對任何事情都太馬虎，這樣就容易在不知不覺中使自己的信用喪失。比如，他們明明在銀行裏的存款數額已經很少，卻還是開出了一張超額的支票，結果害得收款的人到銀行去碰壁。如果這樣做生意，那麼他的一切信用將最終會破產。一個精明幹練的商人做起事來總是很迅速、敏捷，從不顯露出拖拖拉拉、行動

遲緩的樣子，這就是他們走向成功的不二法門。他們訂立合約後從不違約，也絕不開出空頭支票。他們知道，無論是樹立信用還是生意成功都需要小心謹慎，否則，一旦信用喪失，生意必將失敗。

要獲得他人的信任，除了要有正直誠實的品格外，還要有敏捷、正確的做事習慣。即使是一個資本雄厚的人，如果做事優柔寡斷，頭腦不清，缺乏敏捷的手腕和果斷的決策能力，那麼他的信用仍然維持不住。而一個人一旦失信於人一次，別人下次再也不願意和他交往或發生貿易往來了。別人願意去找信用可靠的人，而不願再找他，因為他的不守信用可能會生出許多麻煩來。

如果一個人想使自己的信用破產，那真是再簡單不過的事情。即使你多年來一直有誠實守信的歷史，但你從今日開始只要變得糊塗起來，不再把事情放在心上，丟三落四，錯誤不斷，這種情況過不了多久，就再也沒一個人會來信任你了。

✿ 信任是人生存在的重要條件

兩個淘金人在起伏的沙海中迷失了道路。白天炎炎的烈日，夜裏刺骨的寒冷，不僅耗盡了他們的食物與淡水，也消耗了他們的精神與體力。肩上沉重的金子使他們疲憊的身軀變得極度虛弱，但橫亙在面前的依然是那一望無垠的沙海。

隨著時間的流失，淘金人的信念開始動搖。儘管金子的沉重增加了他們行走的困難，他們也知道因此會被奪去生命，但他們仍然捨不得那誘人的燦燦金色。因為，正是為了那些金子，他們才選擇了這條人跡罕至的險途。

就在他們百般絕望的時候，淘金人遇到了一個穿越沙漠的當地人，但當地人已沒有食物和水送給他們。但他告訴淘金者說，

只要跟著他走，他會帶他們走出沙漠的，因為他已穿越沙漠無數次。

經過反覆權衡，兩個淘金者中只有一個肯與當地人同行，而另一個卻怎麼也不相信當地人的話，堅持留了下來。後來，當地人帶著那個淘金者走出了沙漠，而留下來的那個人，就在那碩風浩浩的沙漠中耗盡了生命。直到很久很久之後，一支駱駝隊才在流動的沙丘中，發現了他早已乾枯的屍體。因為黃金的重負，淘金人的一大半身體深深地陷進了沙裏。

我們已習慣了鄰居猜疑的目光；我們已經認可了危難中的旁觀和冷漠；我們理所當然地對來客反覆地驗明正身；我們更習慣了買東西時售貨員仔細地檢驗鈔票的真偽，而我們自己不厭其煩地查明貨色的真假的場景；甚至，在發薪水的時候，面對剛剛從銀行提出的鈔票，我們也會下意識地揉搓一下，聽聽聲響。

當物質的文明得到發展的時候，我們的精神卻在不同程度地開始荒蕪。我們開始變得不再相信任何人。甚至，當我們感歎並堅信，世界上除了自己的母親之外，什麼都可能是假的時，科學家卻在告訴我們，就在說這話的同時，正有數百名試管嬰兒在誕生。那我們唯一堅信的母親又豈能個個是真？

我們以往的信任都到哪兒去了呢？

我們可以持有懷疑，但我們又怎能沒有信任？只有彼此間的信任，才是我們生存的根源，而絕不是具有法律效力的合約與契約。就像那個枯死的淘金者，僅僅是因為懷疑，就拒絕了信任，從而也就拒絕了原本可以活下去的希望。

重建信任吧，假如沒有了這心靈上的契約，我們的世界將失去平靜和色彩，也許世界真的就變成了那個枯死的淘金者最後生命中的沙漠。

埃及商人奧斯曼成為億萬富翁和副總理的故事，會告訴你如

何講求信譽並以信譽為自己的事業服務。

　　奧斯曼，全名奧斯曼‧艾哈邁德，出生於埃及伊斯梅利亞城，幼年喪父，由母親撫養長大。一九四○年，奧斯曼以優異的成績畢業於開羅大學並獲得了工學院學士學位，重新回到了伊斯梅利亞城。貧窮的大學畢業生想自謀出路，當一名建築承包商。這在商人看來簡直是做白日夢。奧斯曼也陷入窘境：「我身無分文，但我立志於從事建築業。為了這種目的，我可以委曲求全，從零開始。」於是，他進入了舅舅的承包行。一九四二年，他離開舅父，開始實現自己的成為建築承包商的夢，手裏僅有一百八十埃幣，卻籌辦了自己的建築承包行。

　　奧斯曼相信事在人為，人能改變環境，不能成為環境的奴隸。根據在舅父承包行所獲得的工作經驗，他確立了自己的經營原則：「謀事以誠，平等相待，信譽為重。」創業初期，奧斯曼不管業務大小、盈利多小，都積極爭取。他第一次承包的是一個極小的專案，他為一個雜貨店老闆設計一個舖面，合約金只有三埃鎊。但他沒有拒絕這筆微不足道的買賣，仍是頗費苦心，毫不馬虎。他設計的舖面滿足了雜貨店老闆的心意，雜貨店老闆逢人便稱讚奧斯曼，於是奧斯曼的信譽日益上升。奧斯曼的經營原則獲得顧客的信任，他的承包業務日漸發展。

　　二十世紀五○年代後，海灣地區大量發現和開發石油，各國統治者相繼加快了本國的建設步伐。他們需要擴建皇宮，修築公路等。這給了奧斯曼一個機會，他以創業者的遠見率領自己的公司進駐了海灣地區。他面見沙烏地阿拉伯國王，陳述自己的意圖，並向國王保證：他將以低投標、高品質、講信譽來承包工程。沙烏地阿拉伯國王答應了奧斯曼的請求。後來工程完工時，奧斯曼請來沙特國王主持儀式，沙特國王對此極為滿意。

　　人先信而後求能，奧斯曼講究信譽，保證品質的管理方法和

經營原則，使他的影響不斷擴大。隨後幾年，奧斯曼在科威特、約旦、蘇丹、利比亞等國建立了自己的分公司，成為享譽中東地區的大建築承包商。

奧斯曼講究信譽的做法，在一定情況下會使自己吃虧。但虧必有盈，給其事業發展帶來的是積極的甚至長遠的影響。

一九六○年，奧斯曼承包了世界上著名的阿斯旺高壩工程。壩址地質構造複雜、氣溫高、機械老化等不利因素給建築者帶來了重重困難，從所獲利潤來說，承包阿斯旺高壩工程還不如在國外承包一件大型建築。奧斯曼為了國家和人民的利益，克服一切困難，完成了阿斯旺高壩工程第一期的合攏工程。但隨後卻發生了一件奧斯曼意料不到的事情，讓他吃了大虧。

納賽爾總統於一九六一年宣布國有化法令，私人大企業被收歸國有。奧斯曼公司在劫難逃。國有化後，奧斯曼公司每年只能收取利潤的百分之四，奧斯曼本人的年薪僅為三萬五千美元。這對奧斯曼和他的公司都是一次沉重的打擊。奧斯曼沒有忘記自己的諾言，他委曲求全，絲毫不記恨，繼續修建阿斯旺高壩。

納賽爾總統看到了奧斯曼對阿斯旺高壩工程所做的卓越貢獻，於一九六四年授予奧斯曼一級共和國勳章。奧斯曼保全了自己的形象與自己的處事原則。他並沒有白吃虧，一九七○年沙達特執政後，發還了被國有化的私人財產。奧斯曼公司影響擴大，參加了埃及許多大工程的單獨承包。奧斯曼本人到一九八一年擁有四十億美元，成為馳名中東的億萬富翁。

奧斯曼講究誠信的為人方法，不僅使他在商界獲取了巨大的成功，而且使他在政界大放異彩——奧斯曼被任命為主管人民發展事務的副總理，負責制訂全國發展計劃總綱要。奧斯曼同時被民族民主黨人民發展委員會選為主席。

奧斯曼講求誠信，因而做事對人都是直言不諱。一九八一

年奧斯曼出版了《我的經歷隨筆》，書中直接指控已故總統納賽爾，抨擊納賽爾執政期間的做法。這引起了納賽爾親信們的不滿，埃及議會準備成立調查委員會，對奧斯曼進行調查。沙達特總統急忙接見奧斯曼，商討對策，最後決定：為了平息風波，息事寧人，停止該書的發行，奧斯曼被迫辭去副總理職務。穆巴拉克任總統後，鑒於奧斯曼在埃及和阿拉伯世界的影響以及他擁有雄厚資金，仍讓其擔任民族民主黨人民發展委員會主席。一九八四年，他當選為人民議會議員。

　　講究誠信，奧斯曼成為鉅商，又因此而馳騁政壇，可以說，誠信是他一輩子的財富。

第五章：持之以恒的習慣

　　有心人都會發現，這些成功的人其實都有一個共同點，那就是：應用了其他人未應用的一般規律——堅持，它就是成功與失敗的分界。

◎ 成敗往往只有一線之隔

　　許多失敗其實如果你肯再多堅持一分鐘或再多付出一點努力，是可以轉化為成功的。

　　有一個人寫了一首歌詞，但未受到青睞。但另一個人買下了那首歌的版權，他在歌詞中加進了幾個字，結果賺了一大筆錢。其實他只加了三個字：Hip，Hip，Hooray！（喝采聲）。愛迪生試過一萬多種材料才發明了電燈。他在每次失敗之後，便再嘗試新的材料；把未知變成已知，神奇的電燈就誕生了。

　　在貝爾之前，很多人都宣稱自己發明了電話，其中的菲利浦·利斯幾乎成功了，卻由於電流的間斷不持續，因而無法通話。貝爾把一顆小小的螺絲轉動了四分之一圈，把間斷的電流轉換成等幅電流，解決了這個問題，而成為電話的發明人。

　　法院的判決書是這樣寫的：「利斯和貝爾兩人之間的不同之處在於，利斯在中途停了下來，所以失敗了。貝爾持續工作，直到取得成果。」

　　飛機的發明人萊特兄弟只是將別人試過的方法和原理重新組合，加上自己的創意，才成功地發明了飛機。他們創造了一種新型的機體，所以在別人失敗的地方，他們卻成功了。他們的創意相當簡單，在特製的機翼上加上活動的襟翼，以使飛行員能夠控制並且維持機身的平衡。他們所設計的襟翼，成為現代飛機的始

祖。

　　有心人都會發現，這些成功的人其實都有一個共同點，那就是：應用了其他人未應用的一般規律——堅持，它就是成功與失敗的分界。

耐心讓你無往而不勝

　　逆境磨鍊出耐力，從而使你有足夠的力量去克服巨大的障礙；這力量包括了自信、毅力及非常重要的自知之明。所以，當你遭遇困難時，不要灰心喪氣，因為你可以藉此發現個人的弱點。你的缺點或許是對競爭者做出草率的判斷，又或許你的眼光太狹隘，而忽略了許多該做的事情。讓逆境指引你，讓你瞭解自己犯錯的地方，並培養你所缺乏的特質。沒有人會因為失敗而感到喜悅，但如果你有成功的欲望，便可以將其變成改善自己性格弱點的大好機會。

　　美國人向來做事急躁，這一點是他們受到全世界公認的獨特民族性。他們這種追根究柢、不達目的絕不罷休的精神，正是他們最大的力量來源。然而，這種凡事求快的個性，同時也是一項缺點，它使美國人變成全世界最沒有耐心的民族。

　　作戰時，有很多美國士兵都發現，缺乏耐心是他們致命的弱點。他們不能沉著應戰，經常無謂地暴露在敵人的炮火之中。在商場上也是一樣。我們往往要求在最短的時間內簽約成交，因為太過於急功近利，時常不能從容地全盤謀劃。

　　由於我們缺乏耐心，急著想要「得手」，極有可能把重要的優勢拱手讓給願意稍作等待的對手。

　　「有耐心的人，」富蘭克林說，「將無往而不勝。」

　　托馬斯・約翰・沃森出生於紐約北部一個農民的家庭，父母

靠伐木和種地維持一家人的生活。由於家境貧寒，約翰‧沃森並未受過多少正規的教育。為了減輕父母的壓力，他十七歲便開始出門做事。

　　他的第一份工作是為一個經營五金的商人推銷商品，週薪十二美元。後來，有人告訴沃森，推銷員通常拿的是佣金，而不是工資。若按業績算，沃森應得的週薪是六十五美元。他感到很氣憤，便毅然辭去了工作。後來，他又給一個名叫巴倫的推銷員做助手，佣金還算豐厚。他開了一家肉店，一心夢想著要締造一個零售業的帝國。然而，巴倫卻在一天捲款而逃，使沃森陷入破產。

　　沃森沒有就此倒下，他賣掉了肉店，在一家專賣收銀機的公司找到了一份工作。

　　他第一次推銷收銀機時極其失敗，遭到了老闆的嚴厲訓斥，沃森被罵得六神無主，但有著驚人忍耐力的沃森卻在這種羞辱中堅持了下來。一年後，他已成為地區中最成功的推銷員，週薪一百美元，不久，他又成為首席推銷員。

　　幾年後，沃森已升任這家公司的銷售部經理，由於他的成功業績，使公司現金收銀機的銷量直線上升。然而就在此時，一場官司卻使沃森和他的另外幾位同事被判處一年徒刑及罰款。最後，沃森以五千美元的代價獲得保釋。

　　又過了一年，沃森由於遭人誣陷，而被老闆逐出了他為之奉獻多年的公司。

　　此時的沃森已年屆四十，但事業上的挫折並未將他擊倒。經朋友引見，他認識了IBM前身的奠基者查爾斯‧弗林特，並受聘到他的公司來工作。開始的時候，公司裏一些地位高的人對沃森很不以為然，而且極端的歧視，沃森憑藉自己驚人的耐力，忍辱負重地工作了十年。他的堅韌和不屈不撓，以及卓越的領導才能

和經營魄力，最終贏得了大家的好感，公司在不斷地成長壯大，沃森也逐漸登上了自己事業的巔峰。

耐心需要特別的勇氣，對一個理想或目標全身心地投入，而且能夠不屈不撓、堅持到底。

就像白朗寧所說的那樣：「有勇氣改變你能夠改變的，願意接受你無法改變的，並且有智慧判斷哪些是能改變的，哪些是不能改變的。」

因此，追求人生目標的決心愈堅定，你就愈有耐心克服阻礙。這裏所謂的耐心，是指動態而非靜態，是主動而不是被動；是一種主導命運的積極力量，而不是向環境屈服的消極力量。

這種力量在我們的內心源源不絕，但必須嚴密地對它加以控制及引導，以一種幾乎是不可思議的執著投入到為既定目標的奮鬥中去。

有了堅定的人生方向，可以提高你對於小挫折的忍受力。你知道目標逐漸接近，這些只是暫時的耽擱。如果你積極地面對困難，問題就能迎刃而解。

康斯坦絲‧班涅斯特認為缺乏耐心是她最大的缺點，因此，她刻意地選擇了一種最需要耐心的工作─拍攝小寶寶的照片，並且成為其中的佼佼者。

「面對一個嬰兒，你必須想盡辦法哄他、逗他，才能拍到你想要的神情。」她說，「我喜歡給小寶寶拍照，這項工作對我的幫助很大，它培養了我的幽默感，也使我在其他方面變得更有創意。」

如何培養耐心？很簡單，只要你確定人生的目標，專注於你的目標，直到你內心充滿熾烈的欲望，你所有的意念、行動及祈禱都朝著那個方向前進。

同樣執著的理念，讓愛迪生發明了電燈，使沙克發明了小兒

麻痺疫苗，讓希拉利有勇氣爬上艾維斯特峰，鼓舞海倫·凱勒超越嚴重的肢體殘障而獲致成功。

　　執著於你的目標，你就會擁有達成目標所需的耐心。

☙ 永不言敗

　　在現實生活中若不抱定「堅持就是勝利」的信念，很難會取得成功。那麼，我們怎樣才能做到堅持呢？

·看準目標一直向前

　　世界知名的演說顧問兼作家朵洛西·莎諾芙記述了她在醫生宣告她將無法唱歌之後，以特殊的方法持續她的歌唱生涯的故事。她的故事還包括大學畢業後，不幸丟掉了第一份工作的經歷：「離我開始做第一份工作還有幾個禮拜，我的第一份工作是在聖路易市立歌劇院做臨時女替角，我感冒了，喉嚨發炎。我很笨，竟然沒有停止排練，結果喉炎越發嚴重，最後就失聲了。我只好保持安靜，希望到聖路易的時候就可以復元，但我錯了。我的聲音還是不對勁，但沒辦法，我還是想按照預定計劃，站在舞臺前，面對滿座的觀眾，與文森特·普萊斯同台演出。我不想讓我的第一份工作就這樣完蛋了，於是我跑去找國內頂尖的喉科專家，『我想你不能再唱歌了，』他說，『你可以說話，但我懷疑你是否還能唱歌。』我的第一份工作就這樣失去了。

　　「我茫然若失，這是任何一個歌手結束事業的前兆。醫生打算做聲帶手術。我很欣賞的一位歌劇女高音就做過這種手術，但她的聲音卻從此大不如前。除了手術，我還有另一種選擇：完全不出聲，讓聲帶有痊癒的機會。我就這麼辦了，四個半月裏完全不吭一聲，一個字也沒說。後來，我被允許悄悄低聲說十個字。之後，被允許用正常的聲音說出十個字。回音就像鐘樓的鐘聲一

般，令人難忘。

「六個月之後，我成為紐約大都會歌劇試唱的最後人選，如果我還在聖路易工作，就不可能發生這樣的事。但從聖路易那次失敗後，我變成了紐約市歌劇院的首席女高音，在十三場歌劇演出中，和格特魯德‧勞倫斯合演《國王與我》，並在所有俱樂部裏演出，還曾五次出演埃德‧沙利文的劇目。」

除了保持一項事業大門暢通之外，朵洛西‧莎諾芙還不經意地打開了另一扇門——世界知名的演說顧問。「當我失去聲音時」，她解釋道，「我發誓要學習所有和聲音相關的知識，不讓我的悲劇降臨在我認識的人身上。在這個過程中，我學到如何改變說話的方式，例如降低音量，改變共鳴音等等，我的第二個事業就此展開了。」

在每一個人的事業奮鬥過程中，執著是必不可少的素質之一。我們很難在奔向目標進程中一步成功，只要你擁有令人激動的目標，你奔向目標的方向是正確的，你就必須抱定「咬緊牙根不放鬆」的態度，堅持到底。

‧別把「不」當作最後的答案

在你不幸跌倒之後，會有很多聲音在你耳邊響起，有自己的，有同事的，有專家的。答案有「年輕人，你是最棒的，站起來繼續前進」；也有「你根本就不是成功的料，趁早歇息吧！」人生之路還那麼長，怎麼能輕易對自己說「不」呢？你也可以向別人說的「不」挑戰！

作為電影製片人，羅布可謂是一帆風順。

如果羅布只滿足於做製片人，也許他真的會一帆風順。然而，他認為，做製片人還不能充分發揮他的才能和創造性。在好萊塢，真正的榮耀屬於導演。

他執導了一部片子，評論界眾說紛紜，票房很差。導演羅布

可不像製片人羅布那樣受人歡迎了，失敗接二連三地向他襲來。

他從加利福尼亞逃到紐約過起了隱姓埋名的生活。他瘋狂地尋找新的根基。在紐約，他用他的所有錢財買下了一個套房，「我完全垮了。」他說。

他坐在紐約的套房裏，陷入了冥想。面對生活與事業的殘骸，他決定偃旗息鼓，他獲得了安寧，然而，他卻失去了自己的事業。

失敗使羅布完全失控了。他對這種局面完全無法控制，也許他可以改變，也許改變了會更幸福。

一段時間後，他回到了洛杉磯，回到了他失敗的地方。他懷揣著從未有過的謙卑感回去了。一切都得重新開始，一種完全不同的自我意識支持著他。

他放下面子，從基本的工作做起。「我得倒退三步，才能前進四步，倒退雖然痛苦，卻必不可少。」

羅布最終還是重登好萊塢的頂峰。這一次，他既非製片人，亦非導演，而是電影公司的董事。

羅布知道自己是幸運者。在他看來，成功並不在於他當上電影公司的總裁，而在於審視自己的生活這一過程。他將這一精神旅程視為最大的成就。看看羅布的精神之旅，你會明白「我完全垮了」對羅布來說是錯誤的。

一帆風順的時候，你往往會認為，自己永生永世都將成功下去，因為你比任何人都聰明能幹，比任何人都有才華，你更有資格獲得獎賞。當然，這種奇思異想無非是出自真正的恐懼，但你極易忘記這點。成功的時候，你會喪失辨別能力。

中文裏，「危機」的「機」和「機會」的「機」是同一個字——這種語言上的吻合相當明智，我們開始將自己的危機視為機會，一切錯誤彷彿都被打垮了，危機使我們心明眼亮。

有些人，特別是一些「專家」對你說「不」，你恐怕很難拒絕「不」字，你會說「我並非專家，我僅僅在嘗試，而且我失敗了」。但你有比「專家」對自己更清醒的認識，有常人不具備的勇氣，僅此，你也可以對「專家」的「不」說「不！」

樹立遠大的志向

如果要水發出飽和蒸氣的話，必先把水燒到華氏兩百一十二度（相當於攝氏一百度）的溫度。兩百度不成，兩百一十度也不能辦到。水在壓力下一定要沸騰，才能發出蒸氣，才能轉動機器，才能推動火車。「溫熱」的水是不能推動任何東西的。

許多人都想用溫熱的水或未沸的水，去推動他們生命的火車；而同時卻還要詫異著，為什麼在事業上自己總是不盡如人意。一個人態度的溫熱，對於他自己的事業所產生的影響，與溫熱的水對於機車所產生的影響相等。

所謂有價值的生命者，一定是懷著一個可以主宰、統治、調遣其他一切意志和念頭的中心意志，沒有這個中心意志，人的「能力之水」是不會達到沸騰的頂點，生命的火車是不能向前突躍的。

凡是有著強而有力的中心意志的人，一定是個積極的、有建設與創造本領的人。每個人都會嚮往一件事，希冀一件事，但真正能達到目的的，卻只有那些懷著中心意志堅強的人。

你是以怎樣的態度來應付困難的？面臨困境，你是疑慮、畏縮、厭惡、猶豫嗎？你是害怕困難嗎？你是懷著「試試看」的狐疑態度呢，還是抱著無畏的氣概、堅毅的決心，懷著一個披荊斬棘、破釜沉舟，不惜任何代價、任何犧牲都要達到目標的意志呢？如果你是後者，那麼，你可以生出一股無畏的力量來。有著

堅強的中心意志的人，在社會中一定能夠占得重要的位置，並為
他人所敬仰。他的言語行動表現出有定力、有作為、有主見、有
生命之目標，而又必求達到其目標。他堅定地朝著目標前進，有
如急矢之趨向紅心。在這樣的一種意志之下，一切的阻隔都會消
融逝去。

◉ 堅持下去，就會有所成就

　　大多數成功者都知道，成功之果只能慢慢成熟，而且常常要
經過許多的失誤和挫折。他們知道，在受到挫折時沒有理由灰心
喪氣，不能止步不前。相反的，他們從教訓中學到經驗，帶著堅
定的毅力前進，然後堅持下去，更加努力地朝向目標奮進。

　　目標都是一點一點、一步一步地達到的。成功的過程是緩
慢的，取得進步需要時間，所以改變現狀有時得花長年累月的光
陰。成功者都懂得這個道理，在為取得成功而奮鬥的時候，容許
自己經過努力與失敗一步一步地前進。他們知道想即刻如願是不
現實的，正確的態度是要去實踐、去努力。

　　然而很多人並不瞭解，在他們取得成功之前的奮鬥過程中，
可能會遇到許多挫折，面臨許多令人沮喪的挑戰。

　　史華茲博士在考察傑出的個人品質以及取得成功的人具有哪
些特點的時候，發現「堅持下去」是所有成功者的一種共同的性
格。約翰・R・約翰遜就是體現了這種「堅持」性格的人。

　　約翰遜於一九一八年出生在阿肯色州一個貧寒的家庭中。他
曾在芝加哥大學和西北大學勤奮讀書，由於他的刻苦努力，他最
後獲得了十六個名譽學位。約翰遜開始踏入商界是在芝加哥由黑
人經營的優異人壽保險公司當雜役。現在，他是這個公司集團的
董事長，主管著好幾個龐大的分公司。

　　一九四二年，約翰遜以抵押他母親的家具得到的幾千美元貸款獨自開辦了一家出版公司。現在，這個出版公司已經成為美國第二大的黑人企業。它起初出版了《黑人文摘》（現名《黑人世界》），又出版了《黑壇》、《滔滔不絕》、《黑人明星》、《少年黑壇》等等雜誌。一九六一年，約翰遜開始經營書籍出版事業。後來，他又擴展了業務，買下了芝加哥市的廣播電臺。

　　約翰遜在談到他的成功時，謙遜而誠懇地說：「我的母親最初給了我很大的啟發和鼓勵，她相信並且常常對我說的是：『也許你會勤奮地工作而一事無成。但是，如果你不去勤奮地工作，你就肯定不會有成就。所以，如果你想要成功的話，就得冒這個險！問題總是有辦法解決的。要百折不撓，要不斷地去研究、去想辦法。』」

　　約翰遜到芝加哥去上中學時，就開始為獲得成功而奮鬥了：「我沒有朋友，沒有錢，由於穿的是家裏自製的衣服而被人譏笑。我說話有很重的南方口音，孩子們常拿我的蘿蔔腿取笑。所以，我不得不用一種辦法在他們面前爭口氣，而且我只能採取這樣一種辦法——做一個成績優異的學生。我用功學習，取得很高的分數，還去聽如何演講的課。戴爾‧卡內基寫的《處世之道》，我看了至少五十遍。班上的同學除我之外，都不敢高聲發言。我讀了一本關於演講的書，按書上說的辦法對著鏡子反覆練習說話。由於我做了一些演講，同學們選我當了班代表。後來又當了學生會主席、校刊的總編輯和學校年刊的編輯。」

　　一九四三年，約翰遜開辦一家小型出版公司的時候，發生了一件戲劇性的事情。當時，他想要為擴大發行他辦的《黑人文摘》做宣傳。

　　「我決心組織一系列以《假如我是黑人》為題的文章，請白人寫文章的時候把自己擺在黑人的地位上，嚴肅地來看這個問

題，考慮假如他處在這種地位上會實實在在地做些什麼事情。」
約翰遜回憶說，「我覺得請羅斯福總統的夫人埃莉諾來寫這樣一
篇文章是最好不過了，於是便給她寫了一封信。羅斯福夫人給我
回了信，說她太忙，沒有時間寫。但是，她沒有說她不願意寫。
因此，過了一個月之後，我又給她寫了一封信。她回信說還是太
忙。以後，我每隔一個月，就給她寫一封信。她總是說連一分鐘
空閒的時間都沒有。」

　　由於羅斯福夫人每次都說問題是沒有時間，所以約翰遜沒有
退縮：「她沒有說不願意寫，所以我推想，如果我繼續寫信求她
寫，總有一天她會有時間的。最後，我在報上看到她在芝加哥發
表演講的消息，就決定再試一次。我打了份電報給她，問她是否
願意趁待在芝加哥的時候為《黑人文摘》寫那樣一篇文章。」

　　她接到我的電報時，正好有一點空餘時間，就把她的想法寫
了出來。

　　「這個消息傳了出去，反應相當好。直接的結果是，這本雜
誌的發行量在一個月之內由五萬份增加到十五萬份。這確實是我
在事業上的一個轉捩點。」

　　約翰遜並不相信速決。「取得成功總得去努力，有時要經過
多次失敗。人們來到這裏，看到我這裏相當壯觀的場面，都說：
『嘿！你真走運。』我就提醒他們，我花了三十年漫長艱苦的時
間才做到這個地步。我是在那家保險公司的一個小房間裏起步
的，然後搬到了一所像儲煤巷一樣的小屋子裏。我一件事接一件
事地做，最後才到了現在的地步，而不是一開始就是這樣。我覺
得，每個人應該像一個長跑運動員那樣，不斷向前，千萬不要半
途而廢。」

　　每個人都應瞭解，成功的旅途並非一帆風順，因而成功也就
不可能一蹴而就，在你確定了目標後，你一定要徹底執行，那些

爬到半山腰就認為頂峰是遙不可及而退縮的人是可悲的。

培養堅強的意志力的步驟

一個有著堅強意志力的人，便有創造的力量。不論做什麼事都要有堅強的意志，任何事情只有付出極大的努力才能獲得成功。

你是以怎樣的態度來應付困難的呢？當困難臨頭的時候，你是慌亂或是恐懼呢？是猶豫還是逃避呢？你面對困難的時候也是否用推脫的態度呢？比如你會想「如果我能做的話，我一定做」，還是會以「試試看」的態度對付困難呢？

事實上，人的意志力有著極大的力量，它能克服一切困難，不論所經歷的時間有多長，付出的代價有多大，無堅不摧的意志力終能幫助人達到成功的目的。

你想成為什麼樣的人，你就會成為什麼樣的人

沒有任何東西能像你心中的疑團一樣能迅速地毀滅他人對我們的信任。許多人之所以遭到失敗，原因在於他們表現出了沮喪低落的情緒，在於周圍的人們因此而對他們失去信心。

如果你總是自我評價很低，如果你總是貶低自己，幾乎可以肯定他人絕對不會刻意去抬高你。人們通常不會費力去仔細思量你是否自我評價太低了。

到目前為止，很難見到一位自我評價很低的人做成過驚天動地的大事。一個人的成就絕不會超過他的期望。如果期望自己能成就大業，如果你強烈要求自己做一番大事，如你對自己的工作有更大的抱負，那麼，與自我貶低和對自己要求不高的心態相比，你會獲得更大的收穫。

　　如果你認為自己處於特別不利的境地，如果你認為自己不能獲得別人那樣的成就，如果你懷有這些思想，那麼，你根本就無法克服前進路途上的那些阻礙和束縛。這種思想意識使你根本無法成為你心中的渴望的人物。

　　不斷地自我貶損的人，總是把自己看得微不足道的人，總是認為自己不過是活在塵世上的一條可憐蟲的人，總是認為自己絕無可能取得任何重大成就的人，會給人們留下相應的印象，因為他們怎樣感覺，他們看上去就會怎樣。

　　你對自己，對自己的能力、地位、重要性和社會角色的評價，將會在你的表情上顯現出來，將會從你的行為舉止中顯現出來。

　　如果你感覺自己非常平庸，你就會表現得非常平庸。如果不尊重你自己，你會將這種感覺寫在你的臉上。如果你自我感覺欠佳，如果你對自己總有喋喋不休的意見，那麼，可以肯定，沒有什麼非常寶貴的東西會降臨到你的身上。如果你自信有什麼特質，你就會將這些特質展現在人們面前，人們將對你的各種特質留下印象。

　　如果你總是嚮往著你渴望擁有的那些品質，那麼，那些品質逐漸就會歸你所有，你就會將它們印在臉上，印在你的行為舉止中。要看起來很高尚，你的內心必須要感覺到很高尚。在這種優秀品質顯現在你的臉上和行為舉止中之前，你的思想中必須首先就有這種優秀品質。

✤ 制訂目標並不懈地追求

　　如果你想成為一個擁有堅強意志的人，那麼就要在心中想成為一個擁有堅強意志的人。一個能控制自己意志力的人，會具有

推動社會的偉大力量。這種巨大的力量可以實現他的期待，達到他的目標。如果一個人的意志力堅固得跟鑽石一樣，並以這種意志力引導自己朝著目標前進，那麼所面對的一切困難都會迎刃而解。遠大的目標，往往是一個人強有力的精神支柱，它能使年輕人免掉種種試探與誘惑，更不至墮落到罪惡的深淵中去。

　　如果你見到一個年輕人，他用斬釘截鐵的態度去實施他的計劃，而絲毫沒有「如果」、「或者」、「但是」、「可能」的念頭，那麼，這樣的年輕人，一定會免掉種種誘惑，將來也必定會獲得成功。

　　凡有明確目標、並能照著既定程序去做的人，便能堅定自己性格上的勇氣與力量，而這種勇氣和力量足以支撐他的成功。

　　人人都應該去爭取理想的自由，因為只有自由地張揚自己的理想，才能創造出宏大、完美的成就。如果一個人不去爭取理想的自由，不以實現最高人生目的為要務，那麼不論他多麼盡心盡職，多麼發憤努力，他的一生也不會有大的成功。

選對方向一直做下去

　　沒有控制意志力的力量，便沒有持之以恒的恒心，也就沒有發明與創造的可能性。有許多年輕人最初很熱心於他們自己的事業，但是往往就在一夜之間，竟然會放棄自己原有的事業，而去進行別的事業。他們常常在懷疑自己是否處在恰當的位置上？他們的才能怎樣加以利用才會更有價值？有時面對困難，他們會感到灰心，甚至是沮喪，或者當他們聽了某人成功了某項事業，他們便開始埋怨自己，為何自己不也去做同樣的事業。然而，就在你這樣做的時候，成功已經離你而去了。記住，只要在一種行業中堅持下去，你就會成為這一行業的高手，而成功也會在你的堅

持中到來。

🎖 鍛鍊忍耐力的八要素

　　忍耐力是人體的一種功能，是能夠加以開發也能加以鍛鍊的。加強忍耐力，我們可以從下面八個要素做起：

　　1.目標明確化。確定你期望的是什麼是開發忍耐力的最重要因素，因為目標確定後所帶來的巨大動力，就是賦予我們克服一切困難的力量。

　　2.願望。把願望引燃，燃燒得越熾烈，發揮忍耐力就越容易。

　　3.信心。要信任自己的能力和價值，信心是勇氣和忍耐力的堅強後盾。

　　4.計劃的組織化。計劃是成功的先決要件。在建立周密計劃的過程中，就可感受到忍耐力已逐漸被培養出來。

　　5.正確的知識。以你的經驗及你的觀察力為基礎來建立計劃，如果不運用正確的知識，只靠臆測或推理下判斷，將會破壞你的忍耐力。

　　6.合作精神。要以體貼諒解及諧調的合作精神去對待別人，這樣會強化你的忍耐力。

　　7.意志力。持之以恒地集中最大的努力，朝目標邁進，就能培養你的忍耐力。

　　8.習慣。忍耐力一旦成為習慣，則成功易如反掌。心智是積每日經驗而成熟的。如此，不論面臨多麼恐怖的大敵，只要不斷重複採取有勇氣的行動，即可將之驅逐。

第六章：堅持果斷的習慣

對一個人的成功來說，猶豫不決、優柔寡斷是一個最大的仇敵，在它還沒有傷害到你、破壞你的力量、限制你一生的機會之前，你就要即刻把這一敵人置於死地。

猶豫不決的人難以獲得成功

世間最可憐的人就是那些舉棋不定、猶豫不決的人。一旦發生事情，就要去和他人商量，不自己解決，而依賴於他人的人，將會一事無成。這種主意不定、意志不堅的人，既不會相信自己，也不會為他人所信賴。

有些人簡直優柔寡斷到無可救藥的地步，他們不敢決定種種事情，不敢擔負起應負的責任。之所以這樣，是因為他們不知道事情的結果會怎樣—究竟是好是壞，是凶是吉。他們常常擔心今天對一件事情進行了決斷，明天也許會有更好的事情發生，以致對今日的決斷發生懷疑。許多優柔寡斷的人，不敢相信他們自己能解決重要的事情。因為猶豫不決，很多人會使他們自己美好的想法陷於破滅。

決策果斷、雷厲風行的人也難免會發生錯誤，但是他們總要比那些簡直不敢開始工作、做事處處猶豫、時時小心的人好得多。所以，對一個人的成功來說，猶豫不決、優柔寡斷是一個最大的仇敵，在它還沒有傷害到你、破壞你的力量、限制你一生的機會之前，你就要即刻把這一敵人置於死地。不要再等待、再猶豫，更不要等到明天，今天就應該開始。要逼迫自己訓練遇事果斷堅定的能力、遇事迅速決策的能力，對於任何事情切不要猶豫

不決。

　　當然，對於比較複雜的事情，在決斷之前需要從各方面來加以權衡和考慮。要充分運用自己的常識和知識，進行最後的判斷。但一旦打定主意，就絕不要再更改，不再留給自己回頭考慮、準備後退的餘地。一旦決定，就要斷絕自己的後路。只有這樣做，才能養成堅決果斷的習慣，這既可以增強人的自信，同時也能博得他人的信賴。有了這種習慣後，在最初的時候，也許會時常做出錯誤的決策，但由此獲得的自信等種種良好品質，足以彌補錯誤決策所可能帶來的損失。

　　有這樣一個人，他從來不把事情做完。無論做什麼事情，他都給自己留著重新考慮的餘地，比如他寫信的時候，如果不到最後一分鐘，就絕不肯封起來，因為他總擔心還有什麼要改動。有時候，他把信都封好了，郵票也貼好了，正預備要投入郵筒之時，又把信封拆開，再更改信中的語句。發生在他身上的一件最好笑的、也是人盡皆知的事，就是一次他給別人寫了一封信，然後又打電報去，叫人家把那封信原封不動立刻退回。這個人在其他方面有著非常出色的才能與品格，但正是由於他這種猶豫不決的習慣，使他很難得到其他人的信賴。所有與他相識的人，都為他的這一弱點感到可惜。

　　如果一個女性擁有猶豫不決的習慣會更令人討厭。當她要買一樣東西的時候，她一定要把全城所有出售那樣東西的商場都跑遍。當她走進了一個商店，便對這個櫃檯的貨物仔細打量看了又看，她不知道自己喜歡的究竟是什麼。她會看了又看，一會兒覺得這個顏色有些不同，那個式樣有些差異，也不知道究竟要買哪一種是好。她還會問各種問題，有時問了又問，弄得店員們十分厭煩。結果，她也許會什麼東西也不買，空手而去。她要買一件取暖的衣服時，她會不喜歡穿戴著太笨重，又不喜歡過分暖熱。

她要的那一件衣物，既便於夏天，又便於冬天，既適用於高山，又合用於海濱，不僅可用於禮堂，又可用之於電影院，心中帶著這幾種幾乎不可能的苛求，還能從哪裡買到這樣的東西呢？萬一碰巧她買到了這樣一件衣物，她心中還是懷疑所擁有的東西是否真的不錯？是否要帶回去詢問他人的意見，然後再向店中掉換？無論買哪一樣東西，她總是要掉換兩三次，最後還是感到不太滿意……

這種主意不堅定和優柔寡斷，對於一個人的成功，實在是一個致命的打擊。犯有此種弱點的人，從來不會成功。這種性格上的弱點，可以敗壞一個人的自信心，也可以破壞他的判斷力，並大大有害於他的全部精神能力。如果沒有果斷決策的能力，我們人生的一葉孤舟，會永遠漂流在狂風暴雨的汪洋大海裏，永遠達不到成大事的目的地。

養成決斷習慣的良策

如果你有優柔寡斷的毛病，那麼你需要常常提醒自己做事敏捷、決策果斷，才可以補救猶豫不決的缺陷。一個人要想成大事，最忌諱的就是沒有決斷、終日無所事事。要知道，決斷能控制行動，只要敢於決斷，你便可以創造出促使自己成就某事、獲得某事的欲望。當你抽出一段時間從事決斷時，不要以為你是在浪費時間。如果把你的時間的1％用於決斷，你達到目標的速度將會是驚人的。

怎樣才能時時做到果斷呢？

一個成功的人是一個具備敢於決斷能力的人，做不到這一點，就會喪失成功的可能。之所以這樣講，是因為決斷氣魄表現了一個人的膽識。在急速變化和激烈競爭面前，要想成功必須準

確地把握時機，迅速及時地做出正確判斷和抉擇，不可優柔寡斷，錯失時機，需知機會錯過不復來。任何決斷都是有風險的，重大的決斷就會有重大的風險，一個想成功的人應不為風險所嚇倒，如果瞻前顧後，畏首畏尾，必將「終生蹭蹬，一事無成」。面對可能出現的風險，要求人們必須具備應變才能。應變才能可以使成大事者在突然的變故面前轉危為安，若缺乏這種才能，就可能從此一蹶不振。

如果你有優柔寡斷的毛病，那麼你需要常常提醒自己養成做事敏捷、決策果斷的習慣，才可以補救猶豫不決的缺陷。

美國百萬富翁艾倫·福特在談到他的經營歷程時，曾說道：「成大事者必須相信：自己的命運要自己來決斷，有了決斷就必須馬上開始付諸行動，只要你決定做什麼事，就一定要有無論怎樣都必須去完成的精神。」

如何將模糊微弱的願望轉變成清晰強烈的欲望是相當深奧的一種學問。若當真渴望成功，心中便會萌生一種力量驅使自己向前推進。

一個人要想成功，最忌諱的就是沒有決斷，要知道，決斷能控制行動，只要敢於決斷，你便可以創造出促使自己成就某事、獲得某事的欲望。

斯泰菲克在美國伊利諾州亨斯城退役軍人管理醫院療養。在那裏，他偶然發現思考的價值，經濟上他雖然破產了，但他在逐漸康復期間，想到了一個主意。斯泰菲克知道：許多洗衣店都把剛熨好的襯衫摺疊在一塊硬紙板上，以保持襯衫的硬度，避免褶縐。他給洗衣店寫了幾封信。獲悉這種襯衫紙板每千張要花費四美元。他的想法是：以每千張一美元的價格出售這些紙板；並在每張紙板上登上一則廣告，登廣告的人當然要付廣告費，這樣他就可從中得到一筆收入。

斯泰菲克有了這個想法後，就設法去實現它。出院後，他就投入了行動！由於他在廣告領域中是個新手，他遇到了一些問題。雖然別人說「嘗試發現錯誤」，但我們說，「嘗試導致成功」，斯泰菲克最終取得了成功。斯泰菲克繼續保持他住院時所養成的習慣：每天花一定時間從事學習、思考和計劃。後來他決定提高服務效率，增加業務。他發現襯衫紙板一旦從襯衫上被撤除之後，就不會為洗衣店的顧客所保留。於是，他給自己提出這樣一個問題：「怎樣才能使許多家庭保留這種登有廣告的襯衫紙板呢？」解決的方法終於出現在他的心中。他在襯衫紙板的一面，繼續印一則黑白或彩色廣告。在另一面，他增加了一些新的東西——一個有趣的兒童遊戲，一個供主婦用的家用食譜，或者一個引人入勝的故事。

有一次，一位男子抱怨他的一張洗衣店的清單突然莫名其妙地不見了。後來，他發現他的妻子把它連同一些襯衫都送到洗衣店去了，而這些襯衫他本來還可以再穿。他的妻子這樣做僅僅是為了多得一些斯泰菲克的菜譜！但是斯泰菲克並沒有就此停滯不前。他雄心勃勃，他要更進一步擴大業務。他又向自己提出一個問題：「如何擴大？」他找到了答案。斯泰菲克把他從各洗染店所收到的出售襯衫紙板的收入全部捐贈給了美國洗染學會。該學會則以建議每個成員應當讓自己以及他的同事購用斯泰菲克的襯衫紙板作為回報。這樣，斯泰菲克就有了另一重要的發現：你給別人好的或稱心的東西愈多，你的收穫也就愈大。精心安排的一段思考時間給斯泰菲克帶來了可觀的財富。他發現：劃出一段時間，專用於決斷，對於自己成功地吸引財富是十分必要的。

你的一天有一千四百四十分鐘，將這個時間的1％—僅僅十四分鐘用於決斷，並養成習慣，你就會驚奇地發現：無論任何時候，洗滌碗碟時、騎自行車時或洗澡時，你都可獲得建設性的

主意。

　　當你抽出一段時間從事決斷時，不要以為你是在浪費時間。如果把你的時間的1％用於決斷，你達到目標的速度將會是驚人的。

🔱 不要被他人的意見所左右

　　許多失敗者皆有「易受別人意見左右」的共同弱點，上自報紙的記事下至街談巷議、道聽途說，都會影響他們。

　　所謂「意見」可說是社會上最廉價的貨品，任何人都可以免費擁有堆積如山的「不負責任的意見」。如果受惑於他人意見，自己不能果敢決斷，則做任何事都不可能成功，至於致富就更難了。容易被別人的意見動搖的人，就是沒有熱切願望的人。

　　所以你該順從自己的決斷，不應受到他人的左右。因此，在選擇合作者時，必須徵求徹底瞭解你而且能全面支持你的人。

　　親友之中，不乏雖無惡意但持半開玩笑的「意見」阻撓你的人，這些人雖無惡意，但卻是無知的，同時也容易阻礙你的信念，因此而毀了前程的人不知有多少。你自己擁有頭腦和智慧，大可根據它們下決斷，如果決斷之前須蒐集更多的資料或事實加以幫助，那麼也應以取其精華為前提。

　　如果你想掌握絕對的決斷力，首先閉緊你自己的嘴，其次睜大眼睛，豎起雙耳，多舌是無能的表現，說的比聽的多，那麼不但無法獲得別人的情報，甚至把自己的新構想洩漏出去，此乃言多必失的明證。

　　在成功人士面前說話的，不是卓絕的學問家就是天字第一號大傻瓜。由其「保留的態度和沉默」可以判定其智愚，在你的周圍到處都是尋找機會的人，一不小心洩漏計劃，就有被捷足先登

的危機。套句老話「沉默是金」，還是不要「班門弄斧」為好。

為提醒自己，不妨把下面這句話貼在醒目的地方：

「說出你的計劃可以，但那是在你付諸實現以後。」

第七章：團結合作的習慣

　　成功的人大多數都有與人合作的精神，因為他們知道個人的力量是有限的，只有依靠大家的智慧和力量才可能辦成大事。合作能使家庭幸福，領導魅力有賴於合作，合作可加速成功，合作可以幫人度過生命險灘。

⚜ 合作的魅力

　　成功的人大多數都有與人合作的精神，因為他們知道個人的力量是有限的，只有依靠大家的智慧和力量才可能辦成大事。那麼，合作有哪些魅力呢？

・合作能使家庭幸福

　　在家庭事務中，在夫妻關係中，在父母與子女關係中，「合作」這個詞扮演了一個極為重要的角色。如果妻子與丈夫並肩「作戰」，就能很快地達到目標（如夢想的房子、車子等）。如果父母支持、理解子女的志願，並從行動上予以大力支持或配合，子女們成功得就快。沒有合作，就沒有幸福完滿的家庭。沒有合作，一個家庭就不能適應急變的社會。科學家曾在試驗中發現，成群的雁隊以V字型飛行，比一隻雁單獨飛行能多飛百分之十的路程。人類也一樣，尤其我們朝夕相處的家庭，只要能跟同伴或者親人合作而不是孤立與爭鬥，那麼就會飛得更高、更遠。

・領導者魅力有賴於合作

　　不會合作或不願合作的主管，不是合格的領導者，起碼不是一個好領導者。成功的領導者都深知合作的力量。成功的領導者也知道他們的「領導魅力」來自於精誠合作。

　　卡內基的成功就是團結了他周圍一些比他能力強的人。他能

與他們很好地合作,而不是嫉妒、打擊與排斥。這種合作不僅給卡內基帶來巨大的財富,也使他的合作者們成為富豪。

合作是一種團體互助精神。領導者可經由不同的方式獲得這種精神。有人使用強迫的方式,有人使用說服的方式,有人則使用懲罰或獎賞的手段。

偉大的領導者與人合作的方式是用他獨特的思想吸引其他人的思想。拿破崙‧波拿巴曾用磁鐵般的思想,吸引了他所接觸過的所有人的思想,使他手下的士兵義無反顧地跟隨他南征北戰。他因此成為最有魅力的領導者。

‧合作可加速成功

「幫助別人往上爬的人會爬得更高。」

這句格言的意思是合作可以加速你的成功。如果沒有其他人的協助與合作,任何人都無法取得持久性的成功。當兩個或兩個以上的人在任何方面聯合起來,建立在和諧與諒解的精神基礎上之後,這一聯盟中的每一個人將因此倍增他們自己的成就能力。

領導者與員工之間保持完美的合作精神,可以使企業生機盎然;領導者與員工之間保持完美的合作精神,可以做到上下一致,加速成功。因缺乏合作精神而失敗的企業要比因其他原因而倒閉的企業多得多。

‧合作可以幫人度過生命險灘

人生處處佈滿險灘。人稍不留意,就會沉沒到危險之中。許多人由於盲目的自我意識,或是自大,從而錯估自己,認為自己天下第一,不屑於與他人合作,做任何事都是我行我素。在家裏,不跟自己的父母、妻子、兒女商量;在公司,不跟自己的同事、上司商量。這類人遲早有一天會懊悔地喊一聲:我怎麼會棄絕與他人合作呢?

和平、和諧的合作,可以激發生命中的潛能。在集體中的合

作，可以增強你的自信心，提高你的處世能力，消除你的消極心態，使你能正確地面對人生。因為人是文明的人，有情感的人，一個人離開合作將一事無成。即使一個人跑到荒郊野外去隱居，遠離各種人類文明，然而，他依然需要合作：依賴他本身以外的力量生存下去。

「一個人越是成為文明的一部分，越是需要依賴合作性的努力。」

🏅 雙贏勝於單贏

有這麼一則寓言故事：

一隻獅子和一隻狼同時發現一隻小鹿，於是商量好共同追捕那隻小鹿。牠們合作良好，當野狼把小鹿撲倒後，獅子便上前一口把小鹿咬死。但這時獅子起了貪心，不想和野狼平分這隻小鹿，於是想把野狼也咬死，可是野狼拚命抵抗，後來狼雖然被獅子咬死，但獅子也身受重傷，無法享受美味了。

試想一下，如果獅子不如此貪心，而與野狼共吃那隻小鹿，豈不就皆大歡喜了嗎？

這個故事講述的道理就是人們常說的「你死我活」或「你活我死」的遊戲規則！

我們說，人生猶如戰場，但畢竟不是戰場。戰場上敵對雙方中的一方不消滅對方就會被對方消滅。而人生賽場不一定如此，為什麼非得爭個魚死網破，兩敗俱傷呢？

大自然中弱肉強食的現象較為普遍，這是出於牠們生存的需要。但人類社會與動物界不同，個人和個人之間，團體和個體之間的依存關係相當緊密，除了戰爭之外，任何「你死我活」或「你活我死」都是不利的。

當你在社會上行走時，建議你也採用「雙贏」的競爭策略，這倒不是看輕你的實力，而是為了現實的需要，如前面所說，任何「單贏」的策略對你都是不利的，因為它必然會有這樣的結果：

除非對手是個軟弱角色，否則你在與對方進行爭鬥的過程當中，必然會付出很大的心力和成本，而當你打倒對方獲得勝利時，你大概也已心力交瘁了，甚至所得還不足以償付你的損失。

在人類社會裏，你不可能將對方絕對毀滅，因此你的「單贏」策略將引起對方的憤恨，成為你潛在的危機，從此陷入冤冤相報的循環裏。

在進行爭鬥的過程當中，也有可能發生意外的情況，而這會影響本是強者的你，使你反勝為敗！

所以無論從什麼角度來看，那種「你死我活」的爭鬥在實質利益、長遠利益上來看都是不利的，因此你應該活用「雙贏」的策略，彼此相依相存。

在人際關係上，注重彼此和諧與互助合作，面對利益時與其獨吞，不如共用。

在商業利益上，講求「有錢大家賺」，這次你賺，下次他人賺，這回他多賺，下回你多賺。何必如此貪心？

總而言之，「雙贏」是一種良性的競爭，更適合於現代社會的相互競爭。不過，人在自己處於絕對優勢時常會忘記前面那則寓言所描述的狀況，其最終的結果也必然是贏得悽慘。這種贏又有何意義？

⚜ 合作的三大技巧

合作的技巧問題很重要。美國著名人際關係專家彭特斯在

Part 3 第三篇

成功者說話的藝術

第一章：端正態度

　　有些大人物曾經說，他們對於善聽者比之於健談者更為滿意。所以，在交談中學會傾聽也是很重要的。

⚜ 傾聽是最有效的說話手段

　　成功的人大都是學會了怎樣去傾聽別人的講話的人。如果我們看一看那些成功者的自傳，或聽一聽與這些成功者關係很密切的人所記述的內容，一定會覺察到他們是怎樣讓別人說話和怎樣靜聽別人說話的。

　　有許多去拜訪大人物的年輕人，常常不懂得他為什麼不能使對方得到良好的印象。他們常常被那些大人物認為是很疏忽的人。他們都不注意傾聽被拜訪人的談話，只是專心一意地在思索自己下一句將說些什麼話，而不豎起耳朵來仔細聽對方的話。有些大人物曾經說，他們對於善聽者比之於健談者更為滿意。所以，在交談中學會傾聽也是很重要的。

　　總之，如果你想在交談中處於主動的一方，就要讓對方說話，更要注意聽對方說話。這不僅是一種得人敬仰的簡易方法，而且還是一種引起別人說話的有效妙策。

　　那麼如何才能成為好聽眾呢？

　　想從別人的話裏學到東西，就要訓練自己的聽話技巧。下面讓我們來看看能使一個人成為優秀聽眾的處方。

　　・心無旁騖

　　應把注意力集中在對方所說的話上，並且聽的時候必須力求完全聽懂，然後加以記憶。記憶的技巧有三個，分別列舉如下：

　　1.積極參與對方的話題，確實掌握對方所要表達的內容與接

下來想說什麼。

2.研判對方所說的話有多少真實性。

3.一面聽一面觀察對方的臉色、音量、語氣及動作，以便不遺漏話中真正的涵義。

此外，記憶對方所說的話時要注意記憶整體而非一些枝微末節。一般而言，相互間沒有任何關聯的零星瑣事未經熟悉必難以記憶。但是，若能以觀念串連，則又不難記憶。一個人的注意力集中在A事實與B事實時，就會錯過C事實與D事實，反之亦然。若想同時記住A、B、C、D四件事，就應找出其間有聯繫的意思或觀念，將注意力貫注於其中。

・避免感情用事

人們常會在無意間說出傷害別人的話而毫不自知。受傷害的對方心裏產生疙瘩時，必然會想轉移話題，並自動與傷害他的人保持距離，無論對方說得再動聽他也聽不進去。

如果你善於察顏觀色，一定能發現對方這種感情上的轉變。此時，你就必須特別注意自己的言行是否有所疏漏，然後趕緊想辦法補救。

・話要聽完全

與人交談時，若有不贊同的地方，也不可正面加以反駁。至少，在反駁之前，應先讓對方把話說完。此時，適當克制自己的情緒是有必要的，假若你在一開始時就準備好隨時給予反駁，則對方的話就可能一句都聽不進去。

・避免精神渙散

注意聆聽對方說話時，最好能摒除一切外界的干擾。所以，你應設法使談話空間保持清靜，譬如：關好門窗，切斷電話等等，以便能在不受干擾的情況下全心全意地聽對方說話。

・當個積極的聽眾

用心聆聽，注意對方的表情，並且有所反應。如果我們把注意力放在此時此刻的對方身上，無形中也增加了自己記住談話內容的機會。最能鼓勵他們開口說話、表達意見的「積極聆聽」行為，有如下八種：

· 眼神接觸。

· 點頭。

· 微笑或大笑。

· 問一些表示感興趣的問題。

· 敘述一些表示感興趣的內容。

· 敘述一些類似的情況。

· 臉上要有表情。

· 表示開放與接納的身體語言。

如果能留心當好聽眾，我們的說話技巧必然大有改善。

如此「溝通」就不再是件苦差事，反而能令你樂在其中了。說話的藝術也許已不為人所重視，但只要我們多做準備、多花點巧思，一定能讓這門藝術重新獲得大家的肯定。

⚜ 把握好說話的分寸

無論在什麼場合，人們都要注意說話的分量，說話一定要適度，要有分寸，不能不到位，也不能太過。

說話不到位容易使人產生歧義和誤解，影響說話的水平和效果。語言的分寸主要由詞意和態度來決定。詞意是指語言的本意，態度是指表達時所持的表情和情緒。分寸是衡量語言分量的尺度。我們通常說講話要注意分寸，主要從兩個方面理解。

一是注意詞意上的差別，尤其是同義詞、近義詞之間的細微差別。這就要求遣詞造句要字斟句酌，確切地表情達意，恰如

其分地反映客觀事物。說一個人工作能力時，用很強、較強、強、一般、可以等詞來表達，其程度和分寸是不同的，使用時要斟酌。在說一個人工作中取得成績時，用成績、成果、成就來表述，其分量和程度也不一樣，要根據不同情況來使用，不能亂用。主管在會議上批評下級時更要講究分寸，不能信口開河。如果是個別的、一般性的差錯，而批評分量過重，就會有小題大做之嫌，本人不高興，大家不滿意，甚至影響工作；如果是較大的失誤，而批評得分量過輕，輕描淡寫，既達不到教育本人的目的，也給大家一種文過飾非之感；當然，不分青紅皂白、不作具體分析，不是以理服人，而是無限上演，亂批一通，也不會有好的效果。

　　二是注意態度和語調的恰到好處，這種分寸也會影響到分量、態度和語調的變化，有時會更直接、更明確地反映語言的份量。和風細雨與聲色俱厲其分量和效果有很大差別。我們批評人，是為了辨析問題，釐清責任，分析原因，達到教育人的目的。批評人要指出問題的嚴重性，進行嚴肅的批評教育，但不一定非要大嗓門、大聲呵斥不可。常言道：「有理不在聲高。」語言尖刻，態度粗暴，甚至出口傷人，挖苦、諷刺、嘲笑別人，必然會引起對方反感和牴觸，不利於問題解決。因此，我們講話時一定要注意說話的態度和語調，不要引起別人的反感和誤會。

🏵 說話誠摯自然，說話才有效果

　　我們還應記住：誠摯自然的聲音是最有效的聲音。

　　聲音作為交談的最重要的手段之一，無時無刻不在表現著自己。

　　如果一個人在交談中說得太快，可能會給聽眾留下一種毛

躁、不穩重的印象。你是否講得太慢？如果是，可能會給聽眾一種你對自己所講的話語缺乏把握的印象。你是否含糊其辭？含糊其辭是一種缺乏安全感的明確標誌。如果你用一種牢騷的語調說話，這說明你有自我放任的跡象，同時也是你不成熟的標誌。如果你的聲音太高而又刺耳，這說明你有神經質的一面。如果你用一種專橫的聲音說話，這意味著你是固執己見的。如果你用一種做作的聲音說話，這是一種害羞的標誌。

　　以上的這幾種聲音都不是最有效果的聲音。最有效果的聲音是誠摯自然的，飽含著信心與精力，還隱含著一種輕鬆。不難發現，我們周圍好多人就是因為這種誠摯自然的說話聲音而使我們喜歡他們，他們帶給我們一種明快的感覺。

　　你若想在談話時給對方以明朗、暢快的感受，就必須注意做到不去斤斤計較各種小節，不過分注意自我，尊重別人的意見，相信別人，你就能廣交朋友，從中獲得教益。長期下去，你的性格也會逐漸轉向熱情、開朗。

　　此外，說話時的「停頓」也是一種需要掌握好的技巧。有意識的停頓不僅使講話層次分明，還能突出重點，吸引聽話人的注意力；適當的停頓，能夠使聽的人明白你所講的內容分為幾個段落，前後互相照應。只有條理清楚的講話，才具有說服力，表現出很強的邏輯性，使別人佩服你的口才。如果不懂得適時地停頓，滔滔不絕地一直講下去，會使人有急促感，對於你的講話也就「不知所云」。

　　那麼什麼時候停頓最恰當呢？當我們轉換語言、承上啟下，或提示重點、總結中心思想的時候停頓是最恰當的停頓時機；而停頓的時間應按具體情況處理，短則兩三秒鐘，長不超過十秒為宜。

　　說到這裏，大家還應明白說話聲音太小會給人不開朗的感

覺，我們說話時一定要記得說得大聲些。有一名各方面條件都相當優秀的學生去參加面試，他的老師和同學們都以為他一定會面試成功。然而他的面試卻失敗了。其原因就是由於他說話的聲音太小。後來他在另一次的面試中，放大聲音說話，面試就通過了。事實上，小聲說話除了會給人不夠開朗的感覺外，也會給人缺乏自信心的感覺，這種人就算說話的內容再精闢，給人的感覺也不會太強。

　　有人說，開會時誰的聲音最大誰就是勝利者，的確，用很大的聲音說話，會讓人聽得較為清楚，當然留下的印象就會深刻。通常每當我們對自己交談的內容沒有信心，或者身體不太舒服時，往往不會刻意地大聲說話。從一開始就小聲說話，會給人軟弱的印象，有時甚至會讓人產生不想再聽下去的念頭！因此說話大聲點，不但可以讓別人重視我們，同時也具有提高自己信心的作用。

第二章：懂得技巧

　　渴望讚美是每一個人內心中的一種基本願望。所以，當我們生活在社會當中，要想在善意和諧的氣氛中做一些事情，就應該去尋找別人的價值，並設法告訴他，讓他覺得他的價值實在值得珍惜，從而創造出一個嶄新的自己，這樣我們便等於扮演了鼓勵他、幫助他的角色。這就是讚美的意義所在。

◎ 真誠讚美　獲得好感

　　美國著名心理學家威廉‧詹姆士說：「人類本性中最深的企圖之一是期望被讚美、欽佩、尊重。」渴望讚美是每一個人內心中的一種基本願望。所以，當我們生活在社會當中，要想在善意和諧的氣氛中做一些事情，就應該去尋找別人的價值，並設法告訴他，讓他覺得他的價值實在值得珍惜，從而創造出一個嶄新的自己，這樣我們便等於扮演了鼓勵他、幫助他的角色。這就是讚美的意義所在。

　　在現代社會的人際交往中，讚揚他人已成為說話的學問，能否掌握和運用這門學問，使之符合時代的要求，這是衡量現代人的素質的一個標準，也是衡量一個人交際水平高低的標誌之一。

　　教師大都體驗過這樣的經歷：對落後的學生，過多的處罰和批評是無濟於事的。這些學生看似一無是處，但只要你能找到一件值得讚揚的事，對他予以讚揚，他就會努力上進，似乎變成了另外一個人。要是不斷鼓勵，也許會使他從此變成另一種人。

　　讚揚雖不是包治百病的靈丹妙藥，但往往對人產生深刻的影響，有的讚揚甚至能改變人的一生。英國大文豪狄更斯年輕時潦

倒不堪，寫的稿子不斷被退稿。有一天，一名編輯承認了他的價值，寫信誇獎了他。這個讚揚改變了狄更斯的一生，從此世界上多了一名偉大的文學家。

讚美是一件好事情，但並不是一件簡單的事。若在讚美別人時，不審時度勢，不掌握一定的技巧，即使是真誠的讚美，也會使好事變為壞事。制約讚美的因素有兩方面：一是讚美者本人，他的讚美是否是發自內心的，真誠的，因為虛假的讚美是注定要失敗的。二是被讚美者，他所得到的讚美是否是他所期望的、合乎情理的讚美。如果被讚美者所得到的讚美是不合情理或不是他所期望的，那麼這個讚美也是失敗的。因此，在使用讚美的時候，有幾個方面需要注意：

・實事求是、措詞適當

當你的讚美沒說出口時，先要衡量一下，這種讚美有沒有事實根據，對方聽了是否相信，第三者聽了是否不以為然，一旦出現異議，你有無足夠的證據來證明自己的讚美是站得住腳跟的。所以，讚美只能在事實基礎上進行，不要浮誇。

措詞也要適當，一位母親讚美孩子：「你是一個好孩子，有了你，我感到很欣慰。」這種話就很有分寸，不會使孩子驕傲。但如果這位母親說：「你真是一個天才，在我看到的小孩中，沒有一個人趕得上你，」那就會使孩子驕傲，把孩子引入歧途。

・讚美要具體、深入、細緻

抽象的東西往往很難確定它的範圍，難以給人留下深刻印象；而美的東西應該是看得見、摸得著的，這就是具體。如要稱讚某人是個信守承諾的人，可以說「老王有一點非常難得，就是無論給他多少貨，只要他肯接，就絕不會延期」。所謂深入、細緻就是在讚美別人的時候，要挖掘對方不大顯著的、處在萌芽狀態的優點。因為這樣更能發掘對方的潛質，增加對方的價值感。

讚美所起的作用會更大。

· 借用第三者的口吻讚美他人

　　有時，我們為了博得他人的好感，往往會讚美對方一番。若由自己說出：「你看來還那麼年輕」這類的話，不免有點恭維、奉承之嫌。如果換個方法來說：「你真是漂亮，難怪某某一直說你看上去總是那麼年輕！」可想而知，對方必然會很高興，而且沒有阿諛之嫌。

　　因為在一般人的觀念中，總認為「第三者」所說的話是比較公正、實在的。因此，以「第三者」的口吻來讚美，更能得到對方的好感和信任。

　　也可以在背後讚美對方，如果當面讚揚一個人，有時反而會使他感到虛假，或者會疑心你不是誠心的。一般來說，間接的讚揚無論是在大眾場合或在個別場合，都能傳到本人耳中，這樣做不僅能達到讚揚的目的，還能使對方感到你對他的讚揚是真誠的。

· 讚揚需熱情

　　有的時候，我們稱讚別人會讓人覺得我們不夠熱情、漫不經心。如：「你這篇文章寫得滿好的。」「你這件衣服很好看。」「你的歌唱得不錯。」這種缺乏熱誠的空洞的稱讚並不能使對方感到高興，有時甚至會由於你的敷衍而引起對方的反感和不滿。

　　如果把以上這些話改成：「這篇文章寫得很好，特別是後面一個問題十分有新意。」「你這件衣服很好看，這種款式很適合你的年齡。」「你的歌唱得很不錯，不熟悉你的人可能還以為你是專業歌手哩。」這些話比空洞的讚揚顯然更有吸引力。

· 把讚美用於鼓勵

　　用讚美來鼓勵人，能增強人的自尊心。如果想讓一個人經常努力地把事情做好，首要的是激起他的自尊心。有些人因第一次

做某種事情，做得不好。你應該怎樣說他呢？不管他有多大的毛病，你應該說：「第一次有這樣的成績就不錯了。」對第一次登臺、第一次比賽、第一次寫文章、第一次⋯⋯的人，你這種讚揚會讓人深刻地記一輩子。

・讚美還要注意適度

適度的讚美會令對方感到欣慰的振奮；過度的恭維、空洞的奉承，或者頻率過繁，都會令對方感到不舒服，甚至讓人感到難堪、肉麻，結果令人討厭，適得其反。

讚美還要注意用適當的方式，一般的讚美方式（方法）大體有下面幾種：

1.對比性的讚美。就是把被讚美的對象和其他對象做比較，以突出其優點。常用「比××更⋯⋯」或「在××中最⋯⋯」等句式表示。俗語說：「有比較才能有鑒別。」對比性讚美給人一個很具體的感覺。但也正因為如此，從另外一個角度看，它會產生一個負面作用，從而容易引起人際關係中的矛盾。所以在比較時就不應該用貶低來代替讚美。

兩個學生各拿著自己畫的一幅畫請老師評價。老師如果對甲說：「你畫得不如他。」乙也許比較得意，而甲心中一定不悅，不如對乙說：「你畫得比他還要好。」乙固然很高興，甲也不至於太掃興。

2.斷語性的讚美。就是給被讚美者一個總結性的良好評價，語氣要以肯定判斷的形式表示。實際上，對別人的工作進行肯定就是一種讚美。但是這種讚美由於是較為全面的、總結性的評價，所以容易流於抽象，與讚美的具體性產生矛盾。讚美者也會給人一種高高在上的感覺，所以它經常和其他的方法結合在一起綜合使用。

3.感受性的讚美。就是讚美者就讚美對象的某一點表示出自

己的良好感受。也展現了讚美的具體性，因為它陳述的只是讚美的感受，不受其他條件的限制，所以這種形式能充分發揮其讚美的優勢。要實施這種讚美有兩個步驟：一是把被讚美者值得肯定的優點「挑」出來；二是讓被讚美者知道你對他的優點很滿意。這樣，讚美的作用就自然產生，而且使人信服。

◈ 衷心祝賀　增進感情

祝賀是人際交往中常用的一種交談形式，一般是指對社會生活中有喜慶意義的人或事表示良好的祝福和熱烈的慶賀。藉由祝賀表達對對方的理解、支持、關心、鼓勵和祝願，以抒發情懷，增進感情。

祝賀語從語言表達的形式看可以分為祝詞和賀詞兩大類。祝詞是指對尚未實現的活動、事件、功業表示良好的祝願和祝福之意；比如某重大工程開工、某會議開幕、某展覽會剪綵要致祝詞，前輩、師長過生日要致祝壽詞，參加酒宴要致祝詞等等。賀詞是指對於已經完成的事件、業績表示慶賀的祝頌；比如畢業典禮上，校長對畢業生致賀詞，婚禮上親朋好友對新郎新娘致詞，對於同事、朋友取得重大成就或獲得榮譽、獎勵致賀詞等等。

祝賀要注意以下幾點：

· 適合祝賀的場景

祝賀總是在特定的情景下進行的，因此一定要考慮到特定的環境、特定的對象、特定的目的，使之具有明確的針對性。

魯迅在散文《立論》中講到這樣一個故事：一戶人家生了個男孩，全家十分高興。滿月的時候，抱出來給客人們看，自然是想得到一點好兆頭。客人們紛紛祝賀。一個說，這孩子將來會發大財的；一個說，這孩子是要做大官的。他們都得到了好報。只

有一個人說：「孩子將來是要死的。」雖然他說的是必然，但還是遭到一頓痛打。從口才的角度看，他不顧當時的特定情景，講了一些不合時宜的話，遭到大家的痛毆是不難想像的。

一般說來，祝賀總是針對有喜慶意義的事的，因此，不應說不吉利的話和使人傷心不快的話，應講一些吉利的話、歡快的話、使人快慰和感動興奮的話。而且對不同的情景要說不同的吉利話。

· 祝賀的話要簡潔，有概括性

祝賀詞可以事先做些準備，但多數是針對現場實際，有感而發，講完即止，切忌旁徵博引，東拉西扯。語言要明快熱情、簡潔有力，才能產生強烈的感染力。

有些祝詞、賀詞要進行由此及彼的聯想，因景生情的發揮，但必須緊扣中心，點到為止，給聽眾留下咀嚼回味的餘地。比如：某人主持婚禮。新郎是畜牧場技術人員，新娘是紡織廠女工。婚禮一開始，他上前致賀婚詞：

「我今天接受愛神丘比特的委託，為二十世紀八○年代的牛郎織女主持婚禮，感到十分榮幸。」

新郎新娘交換禮物。新郎為新娘戴上金戒指，新娘送給新郎一只精美的手錶。這時主婚人又上前致辭說：

「黃金雖然貴重，不及新郎、新娘金子般的心；手錶雖然走時準確，也不及新郎、新娘心心相印、永記心間。」

他的即興婚禮賀詞，得體而熱情，簡潔而明快，博得了一陣熱烈的掌聲。

· 祝賀要注重禮節

在喜慶場合發表祝賀詞，要格外注意禮節。一般需站立發言，稱呼要恰當。不要看稿子，雙目根據講話內容時而注目於祝賀對象，時而含笑掃視其他聽眾。要和聽者做有感情的交流。還

可以用鼓掌致敬等行為動作加強同聽眾心靈的溝通，以增強表達效果。

第三章：善用肢體語言

　　一位心理學家曾指出：無聲語言所顯示的意義要比有聲語言多得多，而且深刻。他還對此列出了一個公式：資訊的傳遞＝7％言語＋38％語音＋55％表情。

❀ 肢體語言的重要性

　　雖然人們是用語言交談，用語言傳播資訊，但語言並不是說話的全部。無論是說話者還是聽話者，資訊的準確傳播和接受，都還得借助雙方的表情、姿態、動作等肢體語言。

　　一位心理學家曾指出：無聲語言所顯示的意義要比有聲語言多得多，而且深刻。他還對此列出了一個公式：

　　資訊的傳遞＝7％言語＋38％語音＋55％表情。

　　是的，一個真正會說話的人，不僅會用嘴說，還會運用表情和肢體語言。事實上，肢體語言本來就是人們用來傳情達意的一種重要方式，有時藉由眼神、表情、手勢或姿態等，就能把自己的心意傳達給對方。

　　美國的語言專家藉由研究得出結論：人的感覺印象中，有77％來自於眼睛，14％來自於耳朵，9％來自於其他感官。因此，當我們與人交往時，必須十分注意自己的言談舉止和表情是否已被對方接受。

　　有的人一開口就滔滔不絕，但別人卻不愛聽、聽不懂，或者根本不想聽。

　　究其原因，問題很可能就出在他的神態舉止上。

　　神情倨傲，會傷害聽者的自尊心；態度冷淡，會令聽眾失去聽的興趣；舉止隨便，會使聽眾對你不夠重視；表情卑屈，會使

聽者產生懷疑；動作慌亂，會動搖聽眾對你的信任感；面部表情過於嚴肅，會使聽眾壓抑和拘謹……可見，善於說話的人，其一舉手、一投足間，都影響著交談效果。

⚜ 肢體語言的作用

人們在說話時，除了運用自然有聲語言之外，還需要藉助面部表情、手勢動作、身體姿態等非語言的手段來幫助和加強表達。人們習慣於將表情、手勢、體姿這些輔助表意手段總稱為肢體語言。當然，要完成表情達意、傳遞資訊的任務，應以自然有聲語言為主，肢體語言只具強調、補充、修飾和渲染的作用。但在某種特殊情況下，肢體語言不但可以單獨使用，甚至還可以表達出自然有聲語言難以表達的思想感情，直接代替自然有聲語言。

肢體語言是流動性的形體動作，是一種伴隨著自然有聲語言為實現其交際功能的輔助性無聲語言，肢體語言不同於人們平日的一般動作，一般動作是人人都有的常態，只是全身或軀體某一部分的功能性活動，既無表意功能，又不傳遞資訊，故不屬於肢體語言的範疇。

據現代生理學和心理學研究結果表明，人從視覺管道獲得的外部世界的資訊約佔總信息量的80％。人的大腦分成左右兩個半球，左腦控制右側肌體的感覺和運動，具有邏輯思維功能，專門接收有聲語言的資訊，即邏輯資訊；右腦控制左側肌體的感覺和運動，具有形象思維功能，專門接收非有聲語言的資訊，即形象資訊。人在交談過程中，聽覺側重接收有聲語言的資訊，視覺側重接收肢體語言的資訊。如果大腦兩半球和聽、視覺分工合作，相互配合，就能更好地傳輸與理解發出和接收到的資訊，包括感

情因素在內。

　　肢體語言的出現比自然有聲語言要早得多。可以說，有了人類，也就有了肢體語言。在很長一段時間裏它曾是人類主要的交談工具，只是在人類產生了有聲語言和文字之後，它才降到了輔助的地位。然而，人們對肢體語言進行全面、系統的科學研究，還是二十世紀七〇年代以後的事情。近三十餘年來，西方一些人類學家、語言學家、心理學家、社會學家、行為學家對人類體態語言的潛心研究，取得了豐碩的成果，從而使人們認識到肢體語言也是表義的符號體系，它在人類交談中有著不可取消和替代的地位。作為一種資訊載體，我們絕不可低估和忽視肢體語言的作用。肢體語言主要有以下一些特點：

・第一個特點：使用的廣泛性

　　肢體語言的使用簡便快捷、靈活自由。只要人們張口說話，都會有意或無意地運用肢體語言來傳情達意，交流資訊。有時肢體語言甚至先於自然有聲語言在接受者的心目中形成第一視覺形象，直接影響自然有聲語言的表達效果；有時說話人在不開口的情況下，單純運用肢體語言，也能傳達一定的資訊。在人類的交談活動中，沒有只運用自然有聲語言而不運用肢體語言的。它總是與自然有聲語言配合默契，諧調一致，相輔相成，相得益彰。有時是下意識地協調配合，有時是有意識地自覺協調配合。肢體語言在人類交際活動中使用頻率之高、範圍之廣，是任何一種其他語言資訊溝通輔助手段所不能及的。

・第二個特點：表達的直觀性

　　有聲語言直接訴諸於人的聽覺器官，不具有視覺的形象可感性；而肢體語言則不同，它以靈活多變的表情、動作、體姿構成一定的人體圖像來表情達意，交流資訊，直接訴諸於人的視覺器官，具有形象直觀的特點。如形容物體的大小，用手勢來比劃，

對某一事物表示贊成或反對，採用點頭或搖頭的方式等，就具有鮮明的形象直觀性。它的表意功能有時直截了當，有時又給人們的心理產生某種暗示，對方大多能心領神會，因而它較「世界語」的通用面還要廣，甚至連聾啞人都可以理解。

・第三個特點：交談中的對應性

　　肢體語言不但要與有聲語言諧調配合，而且交談雙方要諧調配合，雙向交流，才能達到交談的目的。美國著名人類學家霍爾曾指出這種人類交際的常見現象：一個人傾聽別人說話時，總會望著對方的臉，尤其是他的眼睛；為了表示注意，聽話者會輕輕地點頭，或者說「嗯」、「是的」；如果哪句話他深表贊同，點頭就點得很深；如果感到懷疑，他就會揚起或皺起眉頭來，或者嘴角向下撇；要是不想再聽下去，就會將身子挪一挪，把腿伸一伸，或者移開視線，不再注視說話人等等。以上說的種種現象，正是對應性的表現。如果某人在說話時運用了各種肢體語言，而對方卻視而不見，沒有對應性的反應，那是無法達到預期的交談效果的。

・第四個特點：對有聲語言的依賴性

　　肢體語言對有聲語言和具體言語環境的依存性決定了它表意的多義性。離開了自然有聲語言，離開了一定的言語環境，肢體語言在當時特定的涵義就不明確，就難於辨析和領會。例如點頭的動作，可表示致意、同意、贊成、承認、肯定、感謝、應允、認可、理解等不同寓意，離開了自然有聲語言和一定的語境，又怎能確切領悟它當時特定的具體涵義呢？除此之外，肢體語言還依存於一定的民族和時代，與一定的時代特徵、民族心理、地域風尚相適應而存在。不同時代、不同民族、不同地域的人在交際中運用肢體語言是有所區別的。如在西方國家，男女之間表示親密友好，常用擁抱接吻的方式，而在我國，除夫妻外，這種表

達方式就不適用；又如，向人招手要他過來，中國人掌心向下，手指向內擺動；西方人掌心向上，手指向內擺動等。所以，在具體運用肢體語言時，應「入境隨俗」，而不應採用固定不變的模式，以免鬧出笑話來。

配合自然有聲語言，有目的地運用肢體語言，具體要求是：雅觀自然、準確得體、因人制宜、因地制宜、整體諧調、簡約精練。

美國著名人類學家霍爾說過：「一個成功的交談者不但需要理解他人的有聲語言，更重要的是能夠觀察他人的無聲信號，並且能在不同場合正確使用這種信號。」高水準的口才實踐成功之處就在於將有聲語言和肢體語言配合得非常默契，將它們有效地協調起來。反之，如果在交談中，忽略了肢體語言的選擇和運用，不僅會直接影響有聲語言的表達效果，而且還會給別人留下不良的印象。

🎖 藉由你的身體全方位表態

有研究表明，我們跟別人見面交談時，在七秒鐘內就能對這個人做出評估。這種交流無需藉由語言。

在這最初的七秒鐘內，每個人都會自覺或不自覺地用眼睛、面孔、身體和態度來表達自己的真正感覺，這就是肢體語言。愈來愈多的論述說明了肢體語言的重要性，它被人稱為第二語言。有人說，若是人面對面交談的時候抬著腿，表示他在說謊，若是叉著手，表示他很不自在。肢體語言和口頭語言是一樣的，都是談話和溝通的一部分。

若以這樣的觀點來看，自然的肢體語言絕對是非常有效的溝通方式，但若是做出做作的行為舉止，別人就毫無疑問地認為你

這個人是虛偽的。

所以，在一定意義上可以說，肢體語言是人們進行有效溝通的關鍵。那麼，如何才能用自己的身體、行為舉止最好地表現自己的交流目的呢？

· 握手是一種肢體語言

一個人的身體語言反映一個人的感覺，而恰到好處地用力握手對交談也非常重要。握手的方式往往在不知不覺間向別人透露了不少你自身的秘密。

柔軟、抹布型的握手者缺乏自信。許多人為了掩飾自己的缺點，握手的時候故意過分用力和顯出傲慢的態度，其實是虛張聲勢。擠壓式的握手方法，則是為了補償其信心的缺乏。這種人的一舉一動過分極端，以致無法讓人相信他是一個真正有信心的人。

安穩而不過分地用力的握手，把對方的手適度地握緊，則是表示：「我是生氣勃勃，穩紮穩打的。」這才是代表著自信的握手方式。同時，與初次見面的人談話時，若蹺起二郎腿，會給對方留下壞印象。

在傳統習慣中，與身分地位比自己高的人見面時，為了表示敬意，必須挺直腰坐得端端正正。所以，就算說話畢恭畢敬，若表現出一副什麼都無所謂的態度，你也不會給別人留下好印象。

· 目光是一種肢體語言

握手是肢體語言的一種，然而不管和對方是輕輕相握還是緊緊相握，眼睛卻決定著握手的性質。也就是說，目光更能表達出你交談的意圖。

試想這樣的場面，你伸出手，和對方親密地握在一起，目光卻盯著別處，對方一定會認為你毫無誠意。如果你的眼睛從對方的頭頂射過去，那就更為不妙，會讓人理解為你清高或傲慢。要

是你握手時目光落在腳面上，那麼，對方一定會糊塗，弄不清楚你在想什麼，因此，當我們開口交談之前，務必要使你的眼睛密切地注視著對方的眼睛和臉。

若希望能和人成功地談話，千萬別忽略和談話對象的目光接觸。保持良好的目光接觸，不僅僅是在你說話時，而且在聆聽的時候也要這麼做。若你真的專注於聆聽對方說的話，就看著對方的臉。如果非常專心地聽，自然而然便能做出合宜的肢體語言，也許你會點頭，以表示你對所談的主題或是說話的這個人有興趣，或者你的頭會輕微地左右搖晃，表達你對對方講的話很有同感或是不可置信。

總之，目光和藹真摯地投射，充分地讓對方感到你的尊重、寬容和有教養。

・微笑是一種肢體語言

人們常讚美蒙娜麗莎的微笑，說她具有永恒的魅力。那麼，她的魅力究竟在哪兒？豐滿的前胸，圓潤的下巴，飄逸的頭髮，還是一再被稱道的嘴？其實，蒙娜麗莎微笑的魅力，關鍵在於那雙似喜非喜、似憂非憂的一雙眼睛。那裏流露出來的是人類普遍追求的親切感，讓人感到愉悅。

蒙娜麗莎畢竟只是一張畫。她永遠不會開口，誰也不能知道她會說些什麼。然而，她的微笑、她的眼神和表情卻一直在不停地「說話」。

廣義而言，笑容都是美的、好的，因此即使一個天生嚴肅的人也可以藉由訓練成為一個愛笑的人。

如何訓練呢？對著鏡子，試試各種笑的方法，從中選出最具魅力的笑容，反覆加以練習。但如果技巧不熟練，便不可隨便亂笑。

因為自然的笑容是有如稚童般燦爛純真的笑臉。而做作的笑

容，在笑後馬上會變成一張嚴肅的臉，這種不自然的變化，明眼人一看就知道是假笑。因此，練習微笑時，要用心揣摩，做到笑後仍有微波餘韻才行。

一家著名傳銷公司的協理笑咪咪地登上臺，神采奕奕地告訴台下的聽眾說：「我有今天的成就，完全奠基在我這張笑臉上。」

是的，在交談中，常帶微笑會讓人感覺到你的熱情，也會增加他人對你的好感。

⚜ 正確運用姿體語言

姿體語言是利用人的身體姿勢變化來傳情達意的肢體語言。俗話說：「站有站相，坐有坐相」，要「坐如鐘、站如松、走如風」，「抬頭挺胸」、「站得正」、「立得直」、「坐得穩」等，即指人們平日交往時應有正確的身體姿態。體姿語言包括站姿、坐姿、步姿、蹲姿、臥姿等。其中最主要的是站姿、坐姿和步姿。

說話時，總離不開站立、坐下、移動等姿體動作。這些動作變化的樣式，都有其特定涵義，對自然有聲語言起著強化、補充和修飾作用。

日本的模川輝夫在《說話藝術》一書中認為：姿體是內心的表現形式，從姿體上我們可以瞭解一個人正在想什麼。在說話之前，先確定好身體的姿勢，說話也就有「譜」了。說話心中有「譜」，即使在陌生或不利的環境中，說話人雖提心吊膽，但外表仍能很鎮定。還有，由於身體姿勢具有實體性和直觀性的特點，能直接反映出說話者的情感狀態，因而也就更容易為交談對象所注意。

　　姿體還是一種心理暗示。有時話不好直說，則可用體姿來暗示對方。如在業務洽談中，開始時氣氛友好，進展順利，但後來對方突然提出苛刻條件，你根本無法接受，而對方喋喋不休，軟磨硬泡，你又不想破壞已經建立起的友好關係，這時，不妨採用突然背往後靠、雙臂環抱的坐姿，暗示對方：你的耐心是有限的，原定的目標是不能改變的。又如在討論會上，當講到要害處，發言人突然由坐姿改為站姿，則可暗示講話內容的重要，以引起聽者的注意，這遠比用口說出高明得多。此外，身體坐姿的變化還可以增加說話的活動感，活躍氣氛，引起聽眾的興趣，以增強說話的效果。很難想像，如果說話者始終像木偶一樣坐著或站著，一動也不動地說個不停，聽眾恐怕都要昏昏欲睡了。

第四章：懂得累積知識

養成閱讀好書和研究學問的習慣，能夠擴大知識領域，增加說話題材，無形中能美化談吐，增強說話能力。

✤ 讀書可以長口才

為什麼你總是覺得日子平淡無奇呢？為什麼你總是覺得自己與人交談時往往詞不達意，讓人聽不明白呢？

眾所皆知，風趣詼諧、談笑風生的交談能力，無疑會為生活帶來樂趣。然而達到這一點卻很難。

我們常見有些人各方面條件皆不錯，惟獨交談能力不怎麼樣，與人交際時表現冷漠，因而被人責難。有些實業界的人士個性沉著而富有理性，可惜在業內人中的聲譽卻很一般，評價也不是很好。造成這種惡果的根源其實很簡單，因為他們從不與人廣泛接觸，不去嘗試用有趣而富有理性的方式與人交談。

這些人之所以如此，不外乎膽怯或過於內向。當然，也不排除無知或愚昧。他們往往拘泥於固定的會話模式，使人感到單調而乏味，常被人喻為「缺乏語言功能」而不自知，因而為自己的成功設置了障礙。

怎樣才能克服這一缺點呢？

湯姆遜·愛迪生公司駐波士頓地區擔任經理的華特·希·格列夫勞曾說：「養成閱讀好書和研究學問的習慣，能夠擴大知識領域，增加說話題材，無形中能美化談吐，增強說話能力。」

因此，無論從事何種工作，只要養成閱讀和研究與本身業務有關的書籍的習慣，同樣可以豐富其話題及構思，如此一來，不

但能夠增加知識量，而鍛鍊語言能力也就不在話下了。

當我們閱讀某一書報的時候，可能會激發我們的靈感，湧出許多新鮮的妙想可構成話題。倘若沒有超人的記憶力，不妨將其記錄下來，否則過不了多久就會忘記了。

如果能在心潮澎湃、文思泉湧之際將其奇思妙想記錄下來做成筆記，閒暇之時可供研究和參考，這自然是增長見識、豐富自己的好辦法。

我們每天都要與人說話，倘若能在互相幫助、截長補短的良好氣氛中與人進行有趣的探討，其功效也是很大的。因為這種討論往往能夠激發一個人在事業上的新構想。

我們都是平凡的人，我們的言行舉止均和他人息息相關。因此，唯有藉由彼此的交談，才能體味出會話的樂趣。

在紐約的簡易洗衣公司中，擔任業務董事的孟德先生曾說：「技巧性的談話，乃決定於是否具有希望和他人彼此能交換富有價值構想的意念，否則長篇大論的陳述，只圖自我的滿足，這是沒有用的無稽之談。」

博覽群書者與那些知識有限者，在和同伴討論問題時，前者的條件顯然要較後者優厚，且更能做深入的研討。

若想提高會話能力，使自己能不斷改善人際關係，養成閱讀書籍的習慣非常有效。

藉由閱讀再加以研究，在研究的過程中，肯定會發現其中蘊含著的許多有趣的觀點與哲理，從而成為日後與人交談與商討的良好基礎。

經常閱讀與自己業務有關或感興趣的書籍，不斷增長自己的知識面，經常參加公司或朋友間舉行的各種活動，再加上自己偶爾浮現的靈感與幻想，必然在口才上獲得良好的稱譽，也必然為良好的人際關係奠定基石。

🌀 學會怎樣用詞

　　艾略特博士在擔任哈佛大學校長三十年後宣稱：「我認為，在一位淑女或紳士的教育中，有一項必修的技能，那就是正確而優雅的使用她或他一國的語言。」這是句意義深遠的聲明。在這個世界上，即使最偉大的演說者，也要借助閱讀的靈感及得自書本的資料，來豐富自己的辭彙，擴大自己的文字儲存量。

　　林肯是個偉大的演說家。林肯出身貧寒，他的父親是位懶惰、不識字的木匠，他的母親是一位沒有特殊學識及技能的平凡女子。在他的一生中，林肯所受的學校教育不過十二個月。那麼，林肯是怎樣成為偉大的演說家，是如何做出那一篇篇至今仍閃耀著思想光輝的演說的呢？是藉由向生活學習和閱讀書本知識。

　　他和一些頭腦最好的人物結為朋友。他能把伯恩斯、拜倫、布朗寧的詩集整本背誦出來。他曾寫過一篇評論的詩集，另外，又準備了一本放在家裏。當他進入白宮之後，內戰的悲劇負擔消磨了他的精力，在他的臉上刻下深深的皺紋。在百忙之中，他仍然經常抽空拿本英國詩人胡德的詩集躺在床上翻閱。有時候他在深夜醒來，隨手打開這本詩集，當他看到對他特別有啟示或令他高興的一些詩篇，他會立刻起床，身披睡衣，腳穿拖鞋，叫醒他的祕書，然後把一首又一首的詩念給他的祕書聽。他在白宮時，也會抽空復習他早已背熟了的莎士比亞名著，還會批評一些演員對莎劇臺詞的念法，並提出他自己獨特的見解。他寫信給莎劇演員哈吉特說：「我已經讀過莎士比亞的某些劇本了。我閱讀的次數可能比任何非專業性的讀者都要多。《李爾王》、《哈姆雷特》、《亨利八世》、《查理三世》，特別是《馬克白》。我認為，沒有一個劇本比得上《馬克白》，寫得太好了！」

　　羅賓森在他的著作《林肯的文學修養》一書中寫道：「這位自修成功的人物，用真正的文化素材把他的思想包裝起來，可以稱之為天才或才子。他的成功過程，和艾默頓教授描述文藝復興運動領導人之一的伊拉斯莫斯一樣：他已離開學校，但他以唯一的一種教育方法來教育自己，並獲得成功。這個方法就是他永不停止地研究和練習。」

　　如果你勤奮，逐漸地，不知不覺地你的辭彙將會開始變得美麗而優雅，慢慢地，你將開始反映出你的榮耀、美麗和高貴的氣質，並且變得有教養。

　　紐約的一位演說家，一向以句子結構嚴密、文詞簡潔而美麗受到稱讚。在談到他選擇正確而簡潔文字的祕訣時說，每次他在談話或閱讀當中發現不熟悉的單詞時，便立刻把它抄在備忘錄上。然後，晚上就寢之前先翻詞典，徹底弄清楚那個生詞的意思。如果他在白天工作中蒐集到任何生詞，他就改而閱讀一頁由費納德所著的《同義詞、反義詞及介詞》，注意研究每一個詞的正確意義，以供日後當做自己的辭彙使用。

第五章：風趣幽默

儘管人們說話時有許多實在的內容，但是如果沒有幽默，談話就像一杯白開水，沒有味道，也缺少吸引人的魅力。

幽默是口才的標誌之一

在生活中，誰都喜歡和那些談吐幽默、極盡風趣的人交談，而口才好的人，差不多都善用詼諧幽默的語言，他們大都具有極強的幽默感。

英國作家哈茲里特把幽默在談吐中的作用，比作是炒菜中的調味品。這一比喻十分恰當，它說明了幽默風趣在談話中是絕不可缺少的。儘管人們說話時有許多實在的內容，但是如果沒有幽默，談話就像一杯白開水，沒有味道，也缺少吸引人的魅力。但是儘管幽默能使聽者對你說的話感興趣，卻終究並非食物，因此很少能從根本上改變聽者的態度。所以我們對幽默的作用，既不要小看，也不宜高估。

幽默能引起人們的笑容，而含笑談話往往是受人歡迎的。有人讚美笑是禮貌之花、友誼之橋。著名科學作家高士其說：「笑與美原是姐妹，笑是美的良友，笑是愛的伴侶；笑有笑的哲學，笑有笑的教育學。」由此可見，笑是神通廣大的，生活中不可缺少。

幽默的調味品的作用主要表現在以下幾個方面：

· 使人精神放鬆

一個社會不能沒有幽默。有人形象地說：「沒有幽默的語言是一篇公文，但幽默用盡的人是一尊塑像。現代社會趨向高效

率、快節奏，需要大信息量，這樣必然會使人的大腦容易產生疲勞。如果我們的生活多點笑聲，多點幽默，就會消除人們的煩躁心理，保持情緒的平衡。說話，在某種程度上，具有一定的娛樂性。它不應該讓人感到緊張、費力，而應給人一種合適輕鬆之感。幽默的談吐往往惹得人捧腹而笑，而缺少幽默的談吐會讓人感到沉悶枯燥。

· 使人擺脫窘境

　　幽默、風趣的言談，有時能使尷尬、難堪的場面變得輕鬆和諧，使人們立即消失拘謹或不安；有了它既活躍了氣氛，又融洽了人們的關係。

　　雷根就任美國總統後，第一次訪問加拿大時，他向群眾發表演說。可這時許多舉行反美示威的人不時地打斷這位總統的話語。陪同他的加拿大總理皮埃爾·特魯多顯得很尷尬，雷根卻面帶笑容地對他說：「這種事情在美國時有發生。我想這些人一定是特意從美國來到貴國的。他們想使我有賓至如歸的感覺。」雷根用幽默、風趣的言談，使緊皺雙眉的特魯多頓時眉開眼笑了。

· 講明是非，進行教育

　　風趣、幽默將人的智慧和語言技巧巧妙地結合起來，揭示出事物的深刻涵義，讓人在含笑中明辨是非。它還可採用影射、諷刺的手法，巧妙地揭露對方的缺點，使人在笑聲中受到教育。

　　當然，風趣幽默的作用還很多，並不止是上面幾種。我們還可以用幽默去鼓勵別人，幫助他們取得更大的成就；也可以把重大的責任託付於人，減輕自己的負擔，以便你更主動、更自由地發揮你的創新精神，在事業上有所建樹。

　　幽默固然很重要，但畢竟不是生活的全部，也不是萬能的。運用幽默只能是為了發展和諧的人際關係，為了自己或別人。以這為出發點，在人際交往的範圍之內，幽默的力量才是大有可為

的。

成為談吐幽默者的妙方

　　我們生存在一個競爭越來越激烈的社會中，人們變得越來越匆忙。然而在追求效率、追求時間的同時，在人們的心中也產生了一種莫名的心理壓力，使人們感到煩悶、暴躁、憂慮、無奈……於是人們開始尋找一些能使自己減壓的技巧。而幽默，是最好的「減壓閥」。它不僅能使人的心情變得輕鬆愉悅，還能使人們談笑風生，笑口常開。此外，幽默還有助於人們在交際中左右逢源，事業成功。不少有眼光、有見識的公司經理、董事長們，都喜歡選用那些能自我解嘲，善於創造歡樂氣氛的人。因為這些人容易取得人們信任，人們也就樂於接受他們的看法和他們的服務。

　　要想成為一個幽默的人，就要學會「幽默思維法」。法國大文學家巴爾札克有一段時間窮困潦倒，以致身無分文。一天，巴爾札克寫作寫到深夜，餓著肚子上了床。他輾轉反側，難以熟睡。正在這時，恰有一個小偷光顧。小偷翻東西的聲音吵醒了巴爾札克。巴爾札克對小偷說：「請你別再找了。我白天都翻不到錢，你在夜裏難道能翻到錢？」小偷聽後知趣地走了。

　　巴爾札克用常人可能無法想到的表達方式，既趕走了小偷，又巧妙地說出了自己的窘境。從這一事例中足可見他的思維方法不同於尋常人。

　　一件很平常的或使個人懊惱的事到了幽默家的眼中，就有可能顯出滑稽可笑的成分來。而沒幽默感的人，即使很好笑的事經他嘴裏講出來也會味如嚼蠟。為什麼會出現這種不同呢？原來幽默家有他們自己的「幽默思維法」，而常人卻很少或幾乎沒有。

那麼究竟什麼是「幽默思維法」呢？我們可以觀察、分析一下那些幽默家的傑作，就可以藉由做到以下幾點得以學會「幽默思維法」了。

淡然處世

卡爾文·柯立芝是美國第十三任總統，不太愛講話。作為一個總統，他總是要參加一些社會活動，但無論到哪兒，他都守口如瓶，一句話也不說，弄得主人們十分尷尬。

一次，一位社交界的知名女士同這位總統並肩而坐，她滔滔不絕地高談闊論，但柯立芝依然一言不發。後來，這位女士終於忍不住了，她對總統說：「總統先生，您太沉默寡言了。今天，我一定得設法讓你多說幾句話，起碼得超過兩個字。」

柯立芝幽默的咕噥道：「徒勞。」他的話最終沒有超出兩個字。

一般來講，無論哪位大人物在這樣的場合，都會口若懸河，滔滔不絕地高談闊論，但這位總統卻依然保持著自己的本色，面對這位女士的挑戰，只是僅僅說了「徒勞」兩個字。可以想像這位總統是個很隨和而淡然處世的人。人的幽默感也正在此處，如果是另外一個人身臨其境，他定會強烈地予以反擊的，然後自鳴得意，這樣反而令人感到缺乏新鮮感了。

英國著名的天文學家詹姆斯·布拉法萊，被任命為英國格林威治天文臺臺長時，英國女王看到他的薪水低，要給他增加薪水，他懇求說：「如果這個職位一旦可以帶來豐厚的收入，那麼以後到這個職位來的將不再是天文學家了。」

這句不乏幽默、語重心長的話語，是這位科學家多年飽經滄桑的閱歷的總結，他目睹了人間無數的興衰榮辱，研究了金錢對

人們的威脅，才得出了這個有趣的、富有哲理的結論。

義大利著名作曲家羅西尼聽人說，他的一批富裕的仰慕者準備在法國為他建一座雕像。感動之餘，他問道：「他們準備花多少錢？」

「聽說是一千萬法郎吧。」

「一千萬法郎，」羅西尼大為吃驚，「如果他們肯給我五百法郎，我願意親自站在雕像的底座上！」

從上述兩個例子來看，詹姆斯‧布拉法萊很幽默，似乎對英國格林威治天文臺的職位很看重，而羅西尼的幽默又貌似看重五百法郎，實際上都表達了天文學家和作曲家對金錢的「淡漠態度」。布拉法萊正是對金錢的輕視，才會有這等幽默；同樣，如果羅西尼沒有這樣的謙恭，而是對用一千萬法郎製作的雕像欣喜若狂，也絕不會有如此這般的幽默的。

☸ 敢拿自己開玩笑

據說馬克‧吐溫和他的孿生兄弟，兩人長得一模一樣。連他們的母親也分辨不出來，一天，在他們洗澡時，其中一個不小心掉入浴缸淹死了，沒有人知道淹死的究竟是雙胞胎中的哪一個。

「最叫人傷心的就在這裏，每個人都以為我是那活下來的人，其實不是。活下來的是我弟弟，那個淹死的人是我。」馬克‧吐溫說。

乍看起來，這位世界級的幽默大師似乎有點荒唐，在故弄玄虛，其實不然，這裏用的可是「道地」的幽默思維法。這位活生生的大作家，竟如此正經地否認自己的存在，他的話語越灑脫，與現實越強烈地互為矛盾，這自然而然地使人們感到十分滑稽可笑。

　　馬克‧吐溫以他的辛辣的諷刺享譽世界文壇，類似的「否認現實」的幽默例子是很多的，這裏再舉一例：有一年的「愚人節」，馬克‧吐溫遭到了別人的愚弄，紐約的一家報紙刊登了他「逝世」的消息。

　　消息迅速傳開，前來悼念的親朋好友絡繹不絕。這時，有人為他打抱不平，譴責那家報紙。然而馬克‧吐溫卻風趣地說：「報紙報導我死了，這是千真萬確的，只不過是日期提前一些罷了。」

✦ 保持童心

　　幾乎所有的幽默家都會做出一些怪誕滑稽的事，這正是幽默思維壓倒了常規思維而造成的結果，假如成人像小孩子那樣進行思維的話，就會產生強烈的幽默效果，讓人忍俊不禁。

　　比爾是一家大公司的職員，他經常在辦公時間出去理髮，儘管他也知道這樣做是違反公司規定的。

　　一天，當比爾又在辦公時間出去理髮時，公司的經理正巧也來理髮，比爾無法躲開了。

　　經理說：「你好，比爾，我看見你在辦公時間理髮了。」

　　比爾鎮靜地回答：「是的，先生，你看，我的頭髮都是在工作時間長出來的。」

　　「不是全部吧，其中一部分是在下班時間內長的。」經理感到十分氣憤。

　　比爾很有禮貌地回答：「是的，先生，你說得對極了。所以我只剃去一部分而不全部剃掉。」

　　比爾說的就是稚氣的孩子話，是很幽默的，經理面對比爾的回答哭笑不得，也無法生氣了，當然更談不上去責怪比爾了。

近似聯想

幽默家在進行幽默思維時，把兩件表面似乎毫無聯繫的事物牽扯在一起，毫不諧調中產生新的諧調，從而產生幽默，我們不妨把它叫作「近似聯想」。可以說，近似聯想是幽默思維的基本要素，也是創造性思維的重要因素。

俄羅斯有一位著名的丑角演員杜羅夫。在一次演出的幕間休息的時候，一個很傲慢的觀眾走到他的身邊，譏諷地問道：「丑角先生，觀眾對你非常歡迎吧？」

「還好。」

「要想在馬戲班中受到歡迎，丑角是不是就必須具有一張愚蠢而又醜怪的臉蛋呢？」觀眾又傲慢地問。

「確實如此，」杜羅夫回答說，「如果我能有一張像先生你那樣的臉蛋的話，我一定能拿雙薪。」

這位傲慢的觀眾的臉蛋同杜羅夫能否拿雙薪本無絲毫內在的聯繫，在這裏杜羅夫卻巧妙地把它們牽扯在一起，從而產生了幽默，對這傲慢的觀眾進行了諷刺。

對人們來講，「近似聯想」可使我們增加彼此間的聯繫，也可以活躍談話氣氛。

有這樣一則幽默對話：

甲：你說足球和水球，哪個球門難守？

乙：我說什麼門也沒有後門難守。

簡略的兩句對話，巧妙地把「守球門」同「走後門」聯繫在一起，抨擊了社會上走後門的歪風邪氣，也提醒那些掌握一定權力的人們要嚴把「後門」關。

要想學習「近似聯想」的技巧十分簡單，你只要在腦子裏排除一般的常規的聯想和其他的聯想，那麼剩下的聯想一般都統稱

之為「近似聯想」。這種做法任何人都可以試一試。

　　最後，我們可以給「幽默思維」做一個簡單的歸納：幽默家總是在諧調的事物中找出不諧調的因素來，敏銳地觀察變幻著的事物中怪異的地方，並用十分自然的口吻說出來，逐漸形成一種習慣，也就是幽默思維。

　　培養幽默思維法就是這麼簡單，你稍稍努力嘗試就可以學會，成為一個談吐幽默的人。

第六章：注意語氣

語氣像表情一樣，傳達著言外之意，充分表達著言者的內心感情，增強說話的感染力。沒有表情的呆板話音，就像沒有表情的臉一樣令人難以理解。事實上人們都會有這方面的切身體會。

語氣是一種特殊的表情

說話的語氣像臉上的表情一樣，傳達著言外之意，增強著語言的感染力。

「人的表情有兩種，一種是表現在臉上的表情；另一種是以說話的方式出現的表情。」這是一位著名的科學家說的話，他說得很有道理。所謂以說話方式出現的表情，即是說話的語氣，語氣像表情一樣，傳達著言外之意，充分表達著言者的內心感情，增強說話的感染力。沒有表情的呆板話音，就像沒有表情的臉一樣令人難以理解。事實上人們都會有這方面的切身體會。比如，我們經常在給人打電話時，並沒有與對方見面，但從對方說話的語氣中，卻常常可以想像出對方是剛剛起床神智尚未清醒，或是剛洗完澡正在那兒納涼，或者正專心在做什麼事，往往談話不到三十秒鐘，就能大體猜測出來。

相反的，沒有語氣的語音不僅令人感到不舒服，往往還使人不知所云，難以聽懂。一個人曾經打電話到某個外商公司去，一位接電話的女性的聲音的確可愛，但接著聽下去就感到不對勁，因為她說話冷漠而商業化，對問題作如下回答：「很抱歉，我們並沒有這種商品……不，我不知道……沒有任何關係……是……好。」真拿她沒辦法。因為，像這樣的企業都事先準備好了詳

細的電話應對表，進入該公司的職員都要能背下來，這樣大家就可以按統一的模式回答問題，到時候就對號入座，照章行事，按條文背誦一遍。應該說，這種辦法的確比較科學，但確實太呆板了，也有損回答問題的效果。

我們平時說話，都是要表達某種思想和感情，說話的語氣，包括聲調、速度、抑揚頓挫、感情修飾等，無不是在增加語言的內容和效果。所謂言外之意，除了從表情上看出來，就是從語氣中聽出來。好的播音員，不僅音色好，還妙在擅長調整語氣，從而撥動人們的心弦。相反，像上述公司裏的那位女性，儘管聲音好，但宛如機器人發出呆板的聲音時，卻使人感到心煩意亂。

有時，你還會遇到所說的話與心中隱藏的意思剛好相反的情形，這時，你只要仔細地去體會對方的語氣，就能剝開語言的外膜，洞悉對方的真意。

說話的速度、語氣與感情變化

說話速度一般能體現人的伶俐與遲鈍，但當人有煩惱或恐懼時，說話速度必然加快。

說話語氣的特徵之一是速度。說話速度快的人多半伶俐而能言善道，說話慢的人多比較遲鈍而木訥。會說話與不會說話，通常是人與生俱來的氣質及平日與人交往中的鍛鍊所形成的，在此且不去談它，這裏需要研究的是異常的說話速度與深層心理的關係。比如，平時能說善辯的人，突然變成口吃；或者相反，平時說話不得要領的人，突然說得頭頭是道。這就需注意，是否發生了什麼事情，影響到他們心理的重大變化。

一般人對自己不滿或懷有敵意的人，因為不能交往，說話速度都會不自覺地放慢，甚至讓人感到好像不大會說話。相反，當

有人心懷愧意或想要說謊，說話的速度往往會快得嚇人，特別是想取得對方諒解時，不僅速度加快，還會找些話題以圖親近。

曾有一位評論家說：「男人在外面拈花惹草之後回家時往往會突然對妻子滔滔不絕說很多話。」這是很合乎規律的現象。因為一般人在深層心理有煩惱不安或恐懼等感情時，說話速度都會快得異乎尋常，以此自欺欺人，緩和內心的不安與恐懼。但是，由於沒有冷靜地思考，所以，即使說得滔滔不絕，內容卻空泛無物。倘若女方是個感情細膩的人，必定可以看透他內心很不平靜。

在工作場所也是一樣，平時沉默寡言的人，如果突然話多得令人感到不自然，相信此人心中一定有了不願他人知道的祕密。這種判斷絕不會錯！有一天，卡內基打電話給某編輯，這位編輯平常話不多，總是細聲細氣的，這一天，他卻突然大聲滔滔不絕地對卡內基說起話來，這便使卡耐基感到異常，等他說話告一段落時，卡內基試著問他：「嘿！你今天有點奇怪，和平常不大一樣。」「其實我是被調職了，調到一個完全不相關的工作部門……」也許因為電話中看不到他的面部表情，他說話的語氣突兀地給卡內基留下了深刻的印象。

所以，我們在談話過程中要注意對方講話的語氣及說話速度，以瞭解他們的心理。

第七章：因人而異

　　談話是加強溝通，聯繫主管與員工關係的一條重要樞紐，作為一個下屬，你一定要重視和主管的談話，把握住談話的分寸。要把握住與主管談話的尺度，最好能從以下這幾個方面入手：一.採取主動。二.態度不卑不亢。三.盡力適應主管的語言習慣。四.溝通時選擇適當的時機。五.事先做好談話的準備工作。六.不要向主管稟報沒有把握的事情。

❀ 與主管溝通的妙招

　　談話是加強溝通，聯繫主管與員工關係的一條重要樞紐，因此，作為一個下屬，你一定要重視和領導的談話，把握住談話的分寸。要把握住與領導談話的尺度，最好能從以下這幾方面入手。

　　1.採取主動。作為下屬，可以積極主動地與主管交談，漸漸地消除彼此間可能存在的隔閡，使上級下級關係相處得正常、融洽。當然，這與「巴結」領導者不能相提並論，因為工作上的討論及打招呼是不可缺少的，這不但能去除對領導者的恐懼感，而且也能使自己的人際關係圓滿，工作順利。

　　2.態度不卑不亢。對上級應當尊重，下屬應該明白，主管一般都有強過自己的地方，或是才幹超群，或是經驗豐富。所以，對主管要做到有禮貌、謙遜。但是，絕不要採取「卑躬屈膝」的態度。絕大多數有見識的領導者，對那種一味奉承、隨聲附和的人，是不會予以重視的。在保持獨立人格的前提下，你應採取不卑不亢的態度。在必要的場合，你也不必害怕表示自己的不同觀

點，只要你是從工作出發，擺事實、講道理，領導者一般是會予以考慮的。

3.盡力適應主管的語言習慣。作為一名下屬，你應該瞭解主管的個性。他雖然是領導者，但他首先是一個人，作為一個人，他有他的性格、愛好，也有他的語言習慣，如有些人性格爽快、乾脆，有些人沉默寡言。尤其領導者都有一種統治欲和控制欲，任何敢於侵犯其權威地位的行為都有可能受到報復，還有的主管是有奇特癖好和變態心理的人，你必須適應這一點。但是你應該明白，讓你去適應他，並不是事事遷就他，不要迷失了自我。

4.溝通時選擇適當的時機。主管一天到晚要考慮的問題很多，你應當根據自己問題的重要與否，選擇適當時機去反映。假如你是為個人瑣事，就不要在他正埋頭處理事務時去打擾他；如果你不知領導者何時有空，不妨先給他寫張紙條，寫上問題的要點，然後請求與他交談。或寫上你要求面談的時間、地點，請他先約定，這樣，主管便可以安排時間了。

5.事先做好談話的準備工作。在談話時，充分瞭解自己所要說話的要點，簡練、扼要、明確地向領導者稟報。如果有些問題是需要請示的，自己心中應有兩個以上的方案，而且能向上級分析各方案的利弊，這樣有利於領導者做決斷。為此，事先應當周密準備，弄清每個細節，隨時可以回答，如果領導者同意某一方案，你應儘快將其整理成文字再呈上，以免日後領導又改了主意，造成不必要的麻煩。

6.要先替領導者考慮提出問題的可行性。有些人明知客觀上不存在解決問題的條件，卻一定要去找領導者，結果造成了不歡而散的結局。

7.不要向主管稟報沒有把握的事情。美國廣告大王布魯貝克年輕時，他所在公司的經理問他：「印刷廠把紙送來沒有？」

他回答：「送過來了，共有五千令。」

經理問：「你數了嗎？」

他說：「沒有，是看到送貨單上這樣寫的。」

經理冷冷地說：「你不能在此工作了，本公司不能要一個連自己也不能替自己作證明的人來工作。」

從此，布魯貝克得到一個教訓：對主管，不要說自己沒有把握的事情。

🎖 領導者怎樣傳達口頭指示

領導者對員工下的指示通常都是口頭指示，要想把每一條命令、每一項建議都寫下來是不切實際的，也是不可取的。但員工在執行以口頭方式發出的簡單指示、請求或意見時，經常會出現許多問題，員工經常會誤解領導者的意思。

有時候不論領導者多麼準確地表達，多麼精心地措辭，員工還是會誤解領導的本意。員工的教育背景、生長地域、智力與培訓等等因素，都可能對他們的理解產生一定的影響。這就是為什麼領導者得到口頭回應十分的重要。作為一個領導者，不要太信任從員工那裏得到的簡短的「是」或點頭這一類回答。他是否完全理解了指示？指示的內容是什麼？如果員工在領悟指示時「不夠準確」，爾後會出現什麼問題？領導會十分震驚地發現，有很多次資訊是被「曲解」了。

領導者對這種不良的結果感到非常失望，而員工卻認為自己是在忠實地遵循領導者的指示行事，也因此而十分不愉快。

如何減少這種誤解呢？對領導者來說，要具體而準確，任何不周密的陳述都會導致不良的結果。

仔細考慮指示的內容

領導者必須認識到，自己所說的每一件事對基層員工來說，都代表著權威。管理層級或職銜越高，其所說的話就越重要。任何大公司的總裁都不會輕易發表評論。

領導者不僅要思考自己打算說什麼，還要考慮別人會如何獲得和理解資訊。甚至還要想到接受者可能做出的反應。當領導者與基層員工對話時，最好之前能用下面這份心理檢查表進行檢查：

1. 我想要說什麼？
2. 這一資訊應該告訴給誰？多少人將會受其影響？
3. 在傳達資訊時，我擁有可靠的事實嗎？
4. 如何最好地表述資訊使聽者能夠理解？
5. 他們會在第一次就獲得資訊嗎？資訊需要重複嗎？
6. 聽者可能做出什麼樣的反應？他們會有不同意見嗎？
7. 需要對資訊進行「包裝」嗎？
8. 在下達指示時，是否還需要當場示範？為了進行這種示範需要做些什麼工作？由誰來進行示範？
9. 接受指示的人需要時間進行練習嗎？要多長時間？

當利用這一心理檢查表時，主管在向員工傳達指示之前，必須先要慎重「構思」他們的口頭資訊與指示。

注意談話方式和態度

談話的方式與內容同等重要。用粗聲粗氣或不愉快的語氣傳遞資訊時，聽者所接收到的反應幾乎總是情緒性的。由此領導者可以預料到聽者也會以同樣的方式做出反應。當你以這種方式講話時，聽者必定對你想傳達給他的資訊感到不快。

語調與行為舉止是重要的溝通工具。指令必須傳達得準確果斷。對指令的執行必須毫無疑問。在傳達指示時，員工應該得到一個全面的解釋，要坦率，要允許提問，要聆聽不同意見，不要以自己的資格而自以為是。認真思考來自員工那裏的任何有意義的修改意見，以獲得更理想的結果。

在傳達口頭指示時，領導者還必須事先預料到下屬可能做出的反應。他們會提出什麼反對意見？如何回答這些反對意見？如何把無聊的抱怨與合理的關心區分開來？是否某個人比別人的抱怨更多？如何讓這個人在會議中處於「中立狀態」？

對領導者來說，試圖向員工灌輸團隊精神也很重要。在對新職工做總結時使用「我們」而不是「你」的稱謂。向員工徵求如何實現目標的建議。領導可以藉由親身去做一些沒有人願意做的工作來表明自己對變革的積極態度。

⊛ 選擇好談話地點

在傳遞口頭資訊時應該考慮的一項重要因素是，到底應該在什麼地方傳遞資訊？領導者辦公室是傳遞資訊的最安全場所，這裏是領導者權威的最強象徵。領導者選擇辦公室作為交談地點是十分恰當的：新的指示、程式的變化、需要解決的問題以及對員工進行的批評。

有時，領導者到員工的辦公桌前或辦公室裏交談更為恰當。比如，員工可能擁有進行討論的資料和資料，領導者不希望打斷員工的工作。如果你希望表揚員工或對他表現出特殊的認可，到下屬的辦公室裏或辦公桌前駐足交談是最好的辦法。

如果領導者希望相互之間的交流顯得更隨意。在大廳或飯廳裏碰到員工，也可以向他下達自己的資訊或指令，就好像一切均

在不經意的時候發生的。

當需要向很多員工傳達指示或指令時，就需要使用會議室了。在工作區域之外舉行會議意味著不希望受到干擾。

🏅 批評要因人而異

不同的人由於經歷、教育程度、性格特徵、年齡等的不同，接受批評的承受力和方式有很大的區別。這就要求主管根據不同批評對象的不同特點，採取不同的批評方式。

不同的人對於同一種批評，會有不同的心理反應，因為不同的人，性格與修養都是有區別的。

可以根據人們受到批評時的不同反應將人分為遲鈍型反應者、敏感型反應者、理智型反應者和強個性型反應者。反應遲鈍的人即使受到批評也滿不在乎；反應敏感的人，感情脆弱，臉皮薄，愛面子，受到斥責則難以承受，他們會臉色蒼白，神志恍惚，甚至會從此一蹶不振，意志消沉；具有理智的人在受到批評時會感到有很大的震動，能坦率認錯，從中汲取教訓；具有較強個性的人，自尊心強，個性突出，「老虎屁股摸不得」，遇事好衝動，心胸狹窄，自我保護意識強，心理承受能力差，明知有錯，也死要面子，受不了當面批評。

針對不同特點的人要採用不同的批評方式，對自覺性較高者，應採用啟發做自我批評的方法；對於思想比較敏感的人，要採用暗喻批評法；對於性格耿直的人，採取直接批評法；對問題嚴重、影響較大的人，應採取公開批評法；對思想麻痺的人應採用警示性批評法。在進行批評時忌諱方法單一，死搬硬套，應靈活掌握批評的方法。

正確的批評要求細密周到，恰如其分，普遍性的問題可以當

面進行批評，對於個別現象就應個別進行。另外，也可以事先與之談話，幫他提高認識，啟發他進行自我對照，使他產生「矛頭不集中於我」的感覺，主動在「大環境」中認錯。另外，還要避免粗暴批評。

對下屬的粗暴批評不會產生很好的效果。員工聽到的只是惡劣言語，而不是批評的內容。他們的心中充滿了不服和哀怨。這就使其產生逆反心理而不利於問題的解決。

要學會運用說話智慧的策略，防止只知批評不知表揚的錯誤作法。在批評時運用表揚，可以緩和批評中的緊張氣氛。可以先表揚後批評，也可先批評後表揚。

批評還要注意含蓄，藉用委婉、隱蔽、暗喻的策略方式，由此及彼，用弦外之音，巧妙表達本意，揭示批評內容，引人思考而使其領悟。萬萬不可直截了當地說出批評意見，開門見山點出對方要害。

在批評時，可以運用多種方法。如：藉由列舉分析歷史人物是非，烘托其錯誤；藉由列舉和分析現實中的人物的是非，暗喻其錯誤；藉由分析正確的事物，比較其錯誤；還可採用故事暗示法，用生動的形象增強對他的感染力；笑話暗示法，藉由一個笑話，使他認識錯誤，既有幽默感，又使他不致感到尷尬；軼聞暗示法，藉由軼聞趣事，使他聽批評時，受到點影射，也易於接受。總之，藉由提供多角度、多內容的比較，使人反思領悟，從而自覺愉快地接受批評，改正錯誤，這才是我們所關心的問題。

對於十分敏感的人，批評可採取不露鋒芒法，即先承認自己有錯，再批評他的缺點。態度要謙虛，謙虛的態度可以使對方的牴觸情緒很容易消除，使他樂於接受批評。例如，可以對人這樣批評：「這件事，你辦得不對，以後要注意了。不過我年輕時也不行，經驗少，也出過很多問題，你比我那時強多了。」

有時一些問題一時未弄清，涉及面大或被批評者尚不能知理明悟，則批評更要委婉含蓄。先表明自己的態度，讓下屬從模糊的語言中發現自己的錯誤。但是，也不能一概而論，對嚴重的錯誤，應當嚴厲批評。另外對於執迷不悟者和經常犯錯誤者，都應作例外處理。要麼是他們改正錯誤，要麼是你不用他們。

◎ 選擇適宜的時機

批評下屬是每個領導的重要課題。如何在適當時機提出中肯的批評呢？

1.批評需要一定的前提。首先，批評和接受批評的雙方應該以足夠的信任為基礎，如果無法取得對方的信任，即使所持的見解確實言之有物，見解精闢，卻依然無法令對方折服。其次，批評者必須有純正的動機和建設性的意見，在批評之前先要確定自己的言行是否有助於對方，而且確能發揮實際效用。有許多批評，經常以「我只是想幫助你」為由，事實上卻為了一己之私。第三，你和被批評的對象之間有足夠的關係，構成批評的理由，而你又有足夠的時間分析自己的看法。

真理並不是任何人所能壟斷或獨佔的，當我們觀察別人時，總免不了以個人有限的經驗和自己的需求作衡量尺度，難免失之偏頗，最好的辦法就是在提出批評之前，先請教第三方，使你的言論更能切合實際，合乎客觀。

2.時機必須適當。當一個人心平氣和較能以客觀立場發言時，就是批評的適當時機。假若你心中充滿不平，隨時可能大發脾氣，那麼最好先讓自己冷靜下來，因為過分情緒化的表現，不僅無濟於事，反而有害。

掌握事情發生的時效，在人們記憶猶新之時提出批評。假如

你在事情發生幾個月以後才提出來，這時人們的記憶已經模糊，你的批評反容易使對方留下「偏頗不公」的印象。

除了個人的心理狀況外，也要把對方的心理狀況考慮在內。你應該在對方事先已有心理準備，並且願意聆聽的情況下，提出批評。假若對方情緒低落，那麼就等到他恢復冷靜時再說出你的看法。假若對方向你尋求幫助時，你也應該盡可能把事實告訴他。

◎ 用詞要恰當

「你是騙子」、「你太沒有信用」等話會刺傷對方。只要評論事實即可，即使是對方沒有信用也不能如此當面斥責。此外，千萬不要否定部屬的將來。「你這人以後不會有多大出息」、「你這樣做沒有人敢娶你」、「你實在不行」⋯⋯上司是不該說出這樣的話的。需以事實為根據，就事說事，就屬下目前情形而論，不要否定部屬的將來。

應該用具體的事實作例子，最好從最近發生的事情說起，避免做人身攻擊。例如開門見山地說：「你工作不力。」這類批評容易引起對方的不滿，甚至導致衝突；妥當的方法是舉出具體的事實說：「你的報告，比預計的進度慢了兩天。」

◎ 加入適度的讚美

歐美一些企業家主張使用「三明治」批評方法，即在批評別人時，先找出對方長處讚美一番，然後再提批評，而且力圖使談話在友好的氣氛中結束，同時再使用一些讚揚的詞語。這種兩頭讚揚、中間批評的方式很像三明治這種中間夾餡料的食品，故以此為名。用這種方式處理問題，即使在對方不明白的情況下也

是比較有效的，其優點就在於由批評者講對方的長處，起到了替對方辯護的作用。對方的能力、為人、工作是否努力等方面有很多可以肯定的地方，批評者如果視而不見，對方可能會覺得不公平，認為自己多方面的成績或長期的努力沒有得到應有的重視，而一次失誤就被抓住，大概是對方專門和自己作對。而批評者首先讚揚對方，就是避免對方的誤會，表明主管對他的工作的承認，使他知道批評是對具體事而不是對人的，自然也就放棄了用辯解來維護自尊心的做法。

當我們聽到別人對我們的某些長處表示讚賞之後，再聽到他的批評，心裏往往會好受得多。美國麥金尼一八九六年競選總統時，也曾採用過這種方法。那時，共和黨有一位重要人物替麥金尼寫了一篇競選演說，他自以為寫得高明，便大聲地念給麥金尼聽，語調鏗鏘，聲情並茂。可是，麥金尼聽後，卻覺得有些觀點很不妥當，可能會引起批評的風暴。顯然，這篇講稿不能用。但是，麥金尼把這件事處理得十分巧妙。他說：「我的朋友，這是一篇精彩而有力的演說。我聽了很興奮。在許多場合中，這些話都可以說是完全正確的。不過用在目前這種特殊的場合，是不是也很合適呢？我不能不以黨的觀點來考慮它將帶來的影響。請你根據我的提示再寫一篇演說稿吧，然後送給我一份副本，怎麼樣？」

那個重要的人物立刻照辦了。此後，這個人在競選活動中成了一名出色的演說家。

有的領導人認為先講讚揚的話，再批評，帶有操縱人的意味，用意過於明顯，所以不喜歡用。當然，這種說法也有一定的道理，因為當你將某位下屬找來時，剛開始的表揚，他可能根本聽不進去，他只是想知道，另一棒會在什麼時候打下來——表揚之後有什麼壞消息降臨。所以在更多的時候，許多領導人把表揚

放在批評之後，當我們用表揚結束批評時，人們考慮的是自己的行為，而不是你的態度。以下是正確、錯誤的兩種說法：

正確：「我相信你會從中得到竅門——只要堅持試一試。」

錯誤：「你最好馬上就改進，要不然就別幹了。」

在批評結束時對下屬表示鼓勵，讓他把對這次批評的回憶當成是促使他上進的力量，而不是一次意外的打擊。此外，還應該讓對方知道，雖然他屢次在某件事上處理不當，然而你卻尊重他的人格。為了把你的尊重傳達給對方，適度的讚美和工作上的認同是必要的，否則光是針對對方的某項缺失提出批評，容易讓對方感到不受尊重，因而心懷不平。

🏅 批評必須能達到一定的目的

你所批評的事項，最好是對方可能再犯，而實際上又可以糾正的錯誤。假若同樣的事件或錯誤不太可能再發生，那麼在批評之前，最好先三思而行。另外，假若對方所犯的錯誤，是他個人所無法糾正或彌補的，那麼你的批評反而有害。

此外，遇到以下的四種情況，也不宜指責犯錯的下屬：

1.對方已有悔意。他主動承認錯誤及保證不再犯，你發覺他態度誠懇，而且一向表現良好，這時你只要向他勉勵幾句，因為你的責備對他起不了作用。

2.對方因犯錯給自己帶來不少麻煩。他正在沮喪和忙於補救中，已經有點筋疲力盡時，你再加倍指責他的不是，可能會引起他的反逆心理。

3.對方用意不善。犯錯純粹為了發洩心中的不快，旨在激怒你並向你挑釁。倘若你立刻指出他的錯誤，實際正中他下懷，他會把早就預備好的嚴詞厲語一併罵出來，不求勝利，只求使你在

其他員工前出洋相。

4.因私人問題。如家庭發生事故時，往往使人無法集中精神工作。在這種情況下，如果強迫下屬履行「公而忘私」的宗旨，也會使人覺得不近人情。很多自殺例子中，因工作壓力而自毀的人佔的比率頗高。家庭發生變故，加上領導人的壓迫及指責，很容易令人精神崩潰，一旦他因此走上自毀的道路，你便可能是間接凶手。

🏵 朋友是「談」出來的

擁有一個知心朋友是件非常美好的事情，他（她）可以給你安慰，解除、分擔你的憂傷，與你共用歡樂！

友誼可以依靠金錢、權勢、地位或阿諛奉承來獲得嗎？這當然不能獲得，我們只能以心換心，以真誠換取真誠，以友情換取友情，才能獲得真正的朋友。友情的傳遞，真誠的表達，都離不開交談。朋友是談出來的。

從兩個素不相識的人到相識、相知進而成為朋友，一般要經過三個階段：

陌生人—熟人—朋友。

陌生人階段：彼此剛剛認識，只需就對方的基本情況（如姓名、職業等）或社會熱門話題等進行交談。不能詢問對方的隱私。即使你很想與對方結交，也不要表現得太親熱，否則對方會認為你侵犯了他的空間。

熟人階段：坐得可稍近一些，談話比較深入，對個人私事略有涉及。老師、同學、同事等大都處於熟人階段。

朋友階段：與對方的身體接觸較多，談話時握握手、拍拍對方的肩膀等，彼此能夠吐露隱私。

　　一般來說，朋友大都是由熟人發展而來的。隨著熟人之間交往頻率的不斷增加，交談內容的不斷深入，感情的不斷加深，兩個人最終成了朋友。

❀ 朋友交談時注意的問題

　　朋友之間，無論關係多麼密切，多麼深厚，交談仍然是溝通資訊與情感的主要方式。心理學研究發現，在人們與朋友交往的過程中，許多人都不善於進行建設性的交談，並藉由交談過程最有效地交流資訊和增進情感。

　　研究表明，朋友之間交談存在的問題主要表現在三個方面，一是談話內容不符合對方興趣或不能有效地促使對方進入交談狀況，二是過早、過多地發表評論，三是不能做一個好的聽眾。

　　朋友進行交談時雙方也是兩個不同的情感和理解基點，有不同的興趣和不同的關注中心。只有在交談過程中，雙方的興趣和關注焦點凝聚成一點時，交談才成為雙方同等進入的過程，才能真正起到有效溝通資訊和增進友情的作用。許多人在與朋友談話時，不管對方是否感興趣，只管自顧自地長篇大論，結果交談變成了單調的獨白或交替獨白。這樣的交談，不僅不會增進友誼和交流思想，而且還會降低相互吸引的水平，淡化友誼。

　　談話興趣與關注焦點匯聚是一個漸進的過程，而且需要談話雙方都高度將注意力投向對方，而不是只集中在自己身上。研究表明，談話者過於注意自己，是談話不符合別人興趣和交談中容易出現誤解的首要原因。這很好理解，如果一個人只想自己的事情，以自己的理解和情感作為唯一的出發點，那麼自然難以理解別人，難以覺察別人的反應，也不可能調整自己的談話，使其符合別人的興趣。

　　過早、過多地評論，是朋友交談中另一個容易犯的錯誤。在交談的一般情況下，一個人不可能使自己所有的評論都符合對方的實際情況，並與對方的理解相吻合，這就意味著許多評論可能會傷害對方的情感，特別是否定性的評論，其效果常常是使對方感到別人正借此顯示其高明。顯然，這種效果對友情是有害的。而且，評論本身會成為一種壓力，使對方不能按照自己的真實想法繼續談話。

　　心理學家研究發現，與朋友談話時最佳的反饋方式不是評論，而是做描述性的回答，或是以簡短的語言再述對方的談話。著名心理學家羅傑斯始創的非指導性心理諮詢的主要方式，也是用這種方式造成充分接納對方的氛圍，鼓勵人們談論自己。大量的心理諮詢實驗證明，這種談話方式尤其有助於雙方信任的建立和情感的融合，是朋友之間特別值得提倡的一種談話方式。

Part 4 第四篇

成功者的社交法則

第一章：讚美的法則

　　要改變人而不觸犯對方或引起反感，那麼，請稱讚他們最微小的進步，並稱讚每次的進步。

❀ 讚賞之辭如同沙漠之泉

　　康乃狄克州有位律師R君，在參加完卡內基的課程之後，有天和太太駕車到長島去拜訪幾個親友。R君的太太留他陪一位老姑媽聊天，自己則到別處去見幾個年輕的親戚。R君覺得不妨以這位老姑媽為對象，體驗一下使用「讚賞原則」的效果。

　　「這棟房子是在一八九〇年建造的吧？」他問道。

　　「是的。」老姑媽回答，「正是那年建造的。」

　　「這使我想起我們以前的老房子，我在那裏出生的。」R君說道，「那房子很漂亮，蓋得很好，有很多房間。現在已經很少有這種房子了。」

　　「你說得很對。這是一棟像夢一般的房子。」老姑媽的聲音因回憶而顫抖了，「這是一棟用愛建造而成的房子。我的丈夫和我夢想了好幾年，我們沒有請建築師，完全是我們自己設計的。」

　　她帶著R君到處參觀，R君也熱誠地發出讚美。室內有很多漂亮的擺設，都是她四處旅行時收集來的——小毛毯、老式的英國茶具、有名的英國威基伍德陶器、法國床和椅子、義大利圖畫，還有曾經掛在法國一座城堡裏的絲質窗幔。

　　看完了房子以後，老姑媽又帶R君到車庫去，那裏停著一輛派克車——幾乎沒使用過的。「這是我丈夫在去世前沒多久買給我的。」她輕聲說道，「自從他死後，我就沒有動過它……你懂

得鑒賞好東西，我就把它送給你吧！」

「啊，姑媽，」R君叫道，「別嚇壞我了。我知道你很慷慨，但是，我卻不能接受，我已經有了一部新車，而且我們並不算是真正的親戚。我相信你有許多親戚會很喜歡這部車。」

「親戚！」她叫起來，「不錯，我是有很多親戚。但是，他們只是在等我死掉好得到這部車子。哼，他們得不到的。」

「如果你不想送給他們，也可以賣給汽車商啊！」R君建議道。

「賣給汽車商！」她大叫，「你以為我會把這部車子賣掉嗎？你以為我可以忍受讓陌生人開著它到處跑嗎──這是我丈夫買給我的車子啊！我做夢都不會把它給賣掉的。我想把它送給你，是因為你懂得鑒賞好東西。」

這位老姑媽獨自住在這棟大屋子裏，活在往日的記憶中，渴望的就是一點小小的讚賞。一旦她找到了，就像在沙漠中得到泉水一樣，感激之情無法表達，只有用她最珍愛的派克車來表示心意了。

在幾十年前，有一個倫敦孩子在一家布店當店員。他早晨五點鐘就要起身，打掃全店，每日如同奴隸般的工作十四個小時，那簡直是苦工，他輕視它。過了兩年，他再也不能忍受了，一天早晨起來，他來不及吃早餐，走了十五里路，去與他在別人家裏當管家的母親商談。

他哭泣著，發狂地向他母親請求不再做那工作了，他起誓，如果他必須再留在這店中，他就要自殺。然後他寫了一封長而悲慘的信給他的老校長，說他的心已破碎，不願再活。他的老校長給了他一些稱讚，並肯定地對他說，他實在是很聰敏，適於更好的工作，並給了他一個教員的位置。

那個稱讚改變了那個孩子的未來，他成了英國文學史上最傑

出的人物。因為那個孩子自此以後，曾著了七十七本書，用他的筆賺了一百多萬元。你大概已經聽過他的名字，他就是韋爾斯。

在一九二二年，一位住在加利福尼亞的青年，他非常貧困，連他的妻子都養不起。星期日他在教會唱詩班中歌唱，在他人的婚禮上，他為人歌唱。他不能住在城中，所以他在一個葡萄園內租了一間破舊的屋子，租金每月只十二‧五角；房租雖低，但他卻付不起，他欠了十個月的租金，於是不得不在葡萄園中摘葡萄，以代付租金。他告訴卡內基，有時除葡萄以外，他簡直沒有別的東西吃。他非常失望，差不多要放棄歌唱家的事業，去賣載重汽車謀生，在這時候，一個人稱讚了他。那人對他說：「你有歌唱的天賦，你應到紐約去發展。」

那位青年最近告訴卡內基說，那一點稱讚，那輕微的鼓勵，成為他終生事業的關鍵，他借了兩千五百元踏上去紐約的路。你或許也聽過他，他的名字是席貝德。

講到改變人，假如你我要激勵我們所接觸的人，認識他們所具有的寶藏，我們所能做的，比改變人還多；我們真能改變他們。

這是過分的話嗎？那麼且聽已故的哈佛詹姆士教授的名言，他是美國最著名的心理學家和哲學家：

「與我們本來應有的成就相比較，我們不過是半醒著，我們現在只是在利用我們身心資源的一小部分。廣義地說，人類的個人就這樣地生活著，遠在他應有的極限之內；他有著各種力量，但習慣地未被利用。」

所以，要改變人而不觸犯或引起反感，那麼，請稱讚他們最微小的進步，並稱讚每次的進步。要「誠於嘉許，寬於稱道。」

怎樣讓別人立刻喜歡你

詹姆士教授說：「人性中最深切的本質，就是希望得到讚賞。」你希望那些跟你來往的人都讚賞你。你希望大家賞識你的真正身價。你希望在你的小世界中得到你是重要人物的一種感覺。

因此，我們就要遵守這條金科玉律，以希望別人怎樣待我之心去對待別人。

要做到這一點就要做到對人「以禮相待」，怎樣才能做到「以禮相待」呢？

一些客氣的話，像「抱歉麻煩你」，「請問能否」，「拜託啦」，「請問是否可以」，「謝謝你」，像這些生活細節，可以潤滑每日生活的單調齒輪。而且，這些禮貌也是良好家教的表現。

一個不變的事實是，你所碰到的每個人，幾乎都認為他在某些方面比你優秀；而一個絕對可以贏得他歡心的方法是，以一種不露痕跡的方法讓他明白，你確認他在自己的小天地裏是個重要的人物，而且你是真誠地確認他這點。

請記住愛默生說的：「每一個我碰到的人，都在某方面比我優秀，而在那方面，我可以向他學習。」

第二章：微笑的法則

　　微笑比皺眉頭更能傳達你的心意。這就是在教學上要以鼓勵代替懲罰的原因所在了。

🏵 被他人接受的訣竅

　　在一個宴會上，其中一名賓客——一個獲得遺產的婦人，急於留給每一個人一個良好的印象。她浪費了很多金錢在黑貂皮大衣、鑽石和珍珠上面。但是她對自己的面孔，卻沒有發現每一個男人所知道的：一個女人臉上的表情，比她身上所穿的衣服更重要。

　　查爾斯‧史考伯對記者說過，他的微笑價值一百萬美金。他可能只是輕描淡寫而已，因為史考伯的性格、他的魅力、他那使他人喜歡他的才能，幾乎全是他卓越成功的整個原因。他的性格中，令人喜歡的一項因素是他那動人的微笑。

　　一天下午，記者和莫里斯‧雪佛萊在一起。「坦白說，我感到失望，我快快不樂，沉默寡言，跟我所期望的完全不同，直到他微笑的時候，我的觀感才改變，就好像是太陽衝破了雲層。」

　　如果不是因為微笑，莫里斯‧雪佛萊可能仍然是巴黎的一位家具製造者，和他的父兄一樣。

　　行動比言語更具有力量，而微笑所表示的是：「我喜歡你，你使我快樂，我很高興見到你。」

　　這就是為什麼狗這麼受人們歡迎。牠們多麼高興見到我們，幾乎要從皮膚裏跳出來。因此，我們就很高興見到牠們。

　　一個嬰兒的微笑也有同樣的效果。你是否在醫院的候診室待過？看著四周的病人和他們沉鬱的臉。一位密蘇里州的獸醫，

史蒂芬‧史皮爾博士提到，有一個春天，他的候診室裏擠滿了顧客，帶著他們的寵物準備注射疫苗。沒有人聊天，大約有六、七個顧客在等著，之後又有一位女顧客進來了，帶著她九個月大的孩子和一隻小貓，幸運的是，她就坐在一位先生旁邊，而那位先生已是等得不耐煩了。可是他發現，那個孩子正抬著頭注視著他，並咧著嘴對他無邪地笑著。這位先生反應如何呢？跟你我一樣，當然他對那個孩子笑了笑。然後他就跟這位女顧客聊起她的孩子和他的孫子來了。一會兒，整個候診室的人都聊起來了。整個氣氛從乏味、僵冷而變成愉快。

一種不真誠的微笑？不，那種笑騙不了任何人。我所說的是一種真正的微笑，一種令人心情溫暖的微笑，一種發自內心的微笑，這種微笑才能在市場上賣得好價錢。密西根大學的心理學家詹姆斯‧麥克奈爾教授談他對笑的看法說：有笑容的人，在管理、教導、推銷上較有功效，更可以培養快樂的下一代。微笑比皺眉更能傳達你的心意，這就是在教學上要以鼓勵代替懲罰的原因所在了。一個紐約大百貨公司的人事經理告訴我，他寧願雇用一名有可愛笑容而沒有念完中學的女孩，也不願雇用一個擺著撲克面孔的博士。

笑的影響是很大的，即使本人無法看到。遍布美國的電話公司有個專案叫「聲音的威力」，提供電話讓使用者來推銷他的產品和服務。在這個專案裏，電話公司建議人們，在打電話時要保持笑容。但你的「笑容」是由聲音來傳達。

俄亥俄州的辛辛那提一家電腦公司的經理，告訴我們他如何為一個很難填補的空額找到了一個適當的人選。

「為了替公司找一個電腦博士幾乎要了我的命。最後我找到一個非常好的人選，將要大學畢業。幾次電話交談後，我知道還有其他幾家公司也希望他去，而且都比我的公司大、有名。當他

接受這份工作時，我真的是非常高興。他開始上班時，我問他，為什麼放棄其他的機會而選擇我們公司。他想了一下，然後說：我想是因為其他公司的經理在電話裏是冷冰冰的，商業味很重，那使我覺得好像只是另一次生意上的往來而已。但你的聲音，聽起來似乎你真的希望我能夠成為你們公司的一員。我可以相信，你在聽電話時是笑著的。」

◉ 微笑是家庭的黏合劑

「我喜歡成千上萬的商人，花一個星期的時間，每天二十四個小時，都對別人微笑，然後再回到班上來，談談所得到的結果。情形如何呢？我們來看看……」這是威廉‧史坦哈寫來的一封信，他是紐約證券股票場外市場部的一員，他的例子並不是唯一的，事實上，它是好幾百人中的典型例子。

「我已經結婚十八年了，」史坦哈在信上說，「在這段時間裏，從我早上起來，到我要上班的時候，我很少對我太太微笑，或對她說上幾句話。我是百老匯最悶悶不樂的人。

「既然你要我以微笑的經驗發表一段談話，我就決定試一個禮拜看看，因此，第二天早上梳頭的時候，我就看著鏡中的我的滿面愁容，對自己說：『比爾，你今天要把臉上的愁容一掃而空。你要微笑起來。你現在就開始微笑。』當我坐下來吃早餐的時候，我以『早安，親愛的』跟我太太打招呼，同時對她微笑。

「你曾說，她可能大吃一驚。嗯，你低估了她的反應。她被搞糊塗了。她驚愕不已。我對她說，她從此可以把我這種態度看成慣常的事情。而我每天早上這樣做，已經有兩個月了。

「這種做法改變了我的態度，在這兩個月中，我們家得到的幸福比去年一年還要多。

　　「現在，我要去上班的時候，就會對大樓的電梯管理員微笑著，說一聲『早安』。我以微笑跟大樓門口的警衛打招呼。我對停車場的收費小姐微笑，在我跟她換零錢的時候。當我站在交易所裏時，我對那些以前從沒見過我微笑的人微笑。

　　「我很快就發現，每一個人也對我報以微笑。我以一種愉快的態度，來對待那些滿肚子牢騷的人。我一面聽著他們的牢騷，一面微笑著，於是問題就很容易解決了。我發現微笑帶給我更多的收入，每天帶來更多的鈔票。」

　　「我跟另一位經紀人合用一間辦公室。他的職員之一是個很討人喜歡的年輕人，我告訴他我最近所學到的做人處世哲學，我為我所得到的結果而高興。他接著承認說，當我最初跟他共用辦公室的時候，他認為我是個非常悶悶不樂的人，一直到最近，他才改變看法。他說，當我微笑的時候，我充滿慈祥。

　　「我也改掉批評他人的習慣。我現在只賞識和讚美人，而不蔑視他人。我已經停止談論我所要的，我現在試著從別人的觀點來看事物。而這種種真的是改變了我的一生。我變成一個完全不同的人，一個更快樂的人，一個更富有的人，在友誼和幸福方面很富有──這些才是真正重要的事物。」

　　寫這封信的是一個老練的股票經紀人，從事這一行太難了，每一百個中就有九十九個失敗。

　　你不喜歡微笑？那怎麼辦呢？有兩種方法：第一、強迫你自己微笑。如果你是單獨一個人，強迫你自己吹口哨，或哼上一曲。表現出你似乎已經很快樂，這就容易使你快樂了。以下是已故的哈佛大學威廉・詹姆士教授的說法：

　　「行動似乎是跟隨在感覺後面，但實際上行動和感覺是並肩而行的。行動是在意志的直接控制之下，而我們能夠間接地控制不在意志直接控制下的感覺。

「因此，如果我們不愉快的話，要變得愉快的主動方式是，愉快地做起來，而且言行都好像是已經愉快起來似的。」

世界上的每一個人都在追求幸福。幸福並不是依靠外在的情況，而是依靠內在的情況。

在酷熱不毛的熱帶地區，那些可憐的農奴用他們原始的農具耕作著，然而卡內基在那裏卻看到了許多快樂的臉孔。而這些快樂的臉孔卻無異於在紐約、芝加哥、洛杉磯的冷氣辦公室裏所看到的。

「沒有什麼事，是好的或壞的，」莎士比亞說，「但思想卻使其中有所不同。」

林肯曾說：「多數的人快樂的情形，跟他們所決心要快樂的差不多。」卡內基講述了一個生動例子，他當時正走上紐約長島火車站的階梯，就在他面前，有三、四十名拄著柺杖的男孩，正掙扎著走上階梯，有個男孩還必須靠人抱上去。卡內基對他們的笑聲和快樂的心情感到吃驚極了。他跟一個帶領這批孩子的人提到這點，「呵，是的，」他說，「當一個孩子發覺他一輩子將是個跛子時，最初會驚愕不已，但是，等他的驚愕消逝之後，他就接受了自己的命運，於是就比一般正常的孩子們更快樂一點。」

卡內基說：「我們應該向那些孩子敬禮。他們教了我一課，我希望永遠不會忘記。」

🏵 微笑是工作的驅動力

獨自在一個封閉的房間裏工作，不僅寂寞而且還斷絕了和公司其他人交朋友的機會。墨西哥的西諾拉・瑪利就是這樣的。當她聽到其他同事的聊天聲和笑聲時，她真的很羨慕他們同事間的情誼。在她工作的第一個星期裏，當她經過辦公廳，從他們旁邊

經過時，她害羞得把頭轉了過去。

幾個禮拜之後，她告訴她自己：「瑪利，你不能期望別人先來跟你打招呼，你必須去跟他們打招呼。」以後，她再經過辦公廳時，臉上總掛著一個最燦爛的微笑，並跟每一個遇到她的人說：「嗨，今天還好吧？」效果是直接的，笑容和招呼都回到了她身上。走道似乎明亮多了，工作氣氛也似乎友善多了，彼此都會打個招呼，有些變成了朋友。她的工作和生活也變得更愉快和有趣了。

當瑪麗·匹克福正準備跟道格拉斯·費爾班離婚的時候，卡內基和她共度了一個下午。全世界的人，都可能認為她當時會很沮喪、不快樂，但是卡內基卻發現她是他見過的最安詳和最得意的人之一。富蘭克林·貝特格，當年聖路易紅雀棒球隊的三壘手，目前是全美國最成功的推銷保險人士之一。他說，很多年前他就覺得，一個面帶微笑的人永遠受歡迎。因此，在進入別人的辦公室之前，他總是停下來片刻，想想他必須感激的許多事情，露出一個大大的、真誠的微笑，然後當微笑正從臉上消逝的一剎那，走進去。

他相信，這種簡單的技巧，跟他推銷保險如此成功，有很大的關係。

艾勃·哈巴德有一段忠告：「每回你出門的時候，把下巴縮進來，頭抬得高高的，肺部充滿空氣，沐浴在陽光裏，以微笑來招呼你的朋友們，每一次握手都使出力量。不要擔心被誤解，不要浪費一分鐘去想你的敵人。試著在心裏肯定你所喜歡做的是什麼；然後，在清楚的方向之下，你會筆直地達到目標。心裏想著你所喜歡做的偉大而美好的事情，然後，當歲月消逝的時候，你會發現自己掌握了實現你的希望所需要的機會。正如珊瑚從潮水中汲取所需要的物質一樣。在心中想像著那個你希望成為的有辦

法的、誠懇的、有用的人，而你心中的思想，每一個小時都會把你轉化為那個特殊的人……思想是至高無上的。保持一種正確的人生觀——一種勇敢的、坦白的、愉快的態度。思想正確，就等於是創造。一切的事物，都來自於希望，而每一個誠懇的祈禱，都會實現。我們心裏想什麼，就會變成什麼。把下巴縮起來，把頭高高昂起，我們是明天的神仙。」

你的笑容就是你好意的信差。你的笑容能照亮所有看到它的人。對那些整天都皺著眉頭、愁容滿面的人來說，你的笑容就像穿過烏雲的太陽。尤其對那些受到上司、客戶、老師、父母或子女的壓力的人，一個笑容能幫助他們瞭解一切都是有希望的，也就是說世界是有歡樂的。

第三章：打動人心的法則

先迎合別人的需求而達到自己的需求，讓別人樂於做對雙方都有利的事情。

🏵 如何讓別人做對雙方都有利的事

自古以來，人類就是處於共生狀態的。人際交往就是一個與他人共用資源、共用資訊的過程。假如你想相識滿天下，故人遍四海，為何不先迎合別人，滿足別人的需要，再考慮如何實現自己的需要呢？

魚兒離不開水，事業有成，也離不開良好的人際關係。人際關係的建立，鞏固和拓展都需要做出準確的判斷和及時的調整。如何建立良好的人際關係，並鞏固和拓展人際關係，這需要我們做出艱苦的努力，並遵循一定的原則。人際關係學上一條重要的原則就是：先迎合別人的需求而達到自己的需求，讓別人樂於做對雙方都有利的事情。

可歎的是，在這個社會上，能夠做到這一點的人還相當少。大凡事業有成的人，總能做到與他人共用利益，有時甚至可以反敗為勝。

夏天的時候，卡內基經常到緬因州一帶去釣魚，他很喜歡吃鮮奶油草莓。但是，因為某種奇怪的理由，卡內基發現魚只愛吃蟲，所以，當他釣魚的時候，他想的不是自己要吃什麼，而是魚兒要吃什麼。卡內基沒有用鮮奶油草莓當誘餌，而是用蟲和蚱蜢，然後他便可以向魚兒說：「你們要不要嚐嚐看？」

想要他人為你做些什麼，何不也用同樣的辦法呢？

第一次世界大戰期間，英國首相勞埃德·喬治正是採用了這

種做法。有人問他，許多戰時領袖，像威爾遜、奧蘭多和克里蒙梭都逐漸在人們心中褪色，而他如何能位居要津？喬治回答，如果一定要歸諸一個原因的話，那就是，你要釣到什麼樣的魚，就得用什麼樣的誘餌。

為什麼要提到我們的需要，那是多麼幼稚、荒唐。不錯，你注意的當然是自身的需要，但除了你自己，可能再沒有人感興趣了。我們也正和你一樣，只注意自己的需要！

所以，天底下只有一個方法可以影響人，就是提出他們的需要，並且讓他們知道怎樣去獲得。

這一結論可以藉由史坦‧諾瓦克的例子來說明。

諾瓦克先生住在俄亥俄州的克里夫蘭，有天下班回家的時候，看見最小的兒子吉姆躺在客廳地板上又哭又鬧。原來吉姆第二天就要上幼稚園了，可他說什麼也不願意去。諾瓦克本能的反應是把孩子趕到房裏，警告他最好乖乖上學去，除此以外別無選擇。但是，這時他想到，這個方法並不是讓兒子喜歡上學的方法。他想：「假如我是吉姆，什麼東西會吸引我到學校去呢？」於是他和太太列出許多吉姆喜歡做的事情，如畫指畫、唱歌、結交新朋友等，然後付諸行動。「我們都到廚房的大桌子上畫指畫，我太太、另一個孩子鮑勃和我，大家畫得興高采烈。果然沒多久，吉姆也來瞧熱鬧了，並且要求加入行列。『啊，不可以，你得先到幼稚園去學怎麼畫才行啊！』為了激起他更大的興趣，我把剛才列在紙上的專案，逐一用他能夠瞭解的話去打動他，當然最後告訴他，這些東西幼稚園裏都有。『第二天，我起了個大早，一下樓就發現吉姆坐在客廳的椅子上。『你在這裏做什麼？』我問。『我等著上學去啊！我不希望遲到了。』全家人的努力，終於引起吉姆的渴望，這是威脅和爭論所不能達到的。」

卡內基向紐約某家飯店租用大舞廳，每一季用二十個晚上，

舉辦一系列的講課。

　　在某一季開始的時候，卡內基突然接到通知，說他必須付出幾乎比以前高出三倍的租金。卡內基得到這個通知的時候，入場券已經印好，發出去了，而且所有的通告都已經公布了。

　　當然，卡內基不想付這筆增加的租金，可是跟飯店的人談論自己不想要什麼，又有什麼用？他們只對他們所要的感興趣。因此，幾天之後，卡內基去見飯店的經理。

　　「收到你的信，我有點吃驚，」卡內基說，「但是我根本不怪你。如果我是你，我也可能發出一封類似的信。你身為飯店的經理，有責任盡可能地使收入增加。現在，我們拿出一張紙來，把你可能得到的利弊列出來，如果你堅持要增加租金的話。」

　　然後，卡內基取出一張信紙，在中間劃一條線，一邊寫著「利」，另一邊寫著「弊」。

　　卡內基在「利」這邊的下面寫下這些字：「舞廳空下來。」接著說：「你有把舞廳租給別人開舞會或開大會的好處。這是一個很大的好處，因為像這類的活動，比租給人家當講課場地增加不少收入。如果我把你的舞廳佔用二十個晚上來講課，對你當然是一筆不小的損失。

　　「現在，我們來考慮壞處方面。第一，你不但不能從我這兒增加你的收入，反而會減少你的收入。事實上，你將一點收入也沒有，因為我無法支付你所要求的租金。我只好被逼到別的地方去開這些課。

　　「你還有一個壞處。這些課程吸引不少受過教育、水準高的人士到你的飯店來。這對你是一個很好的宣傳，不是嗎？事實上，如果你花費五千美元在報上登廣告的話，也無法像我的這些課程能吸引這麼多的人來看看你的飯店。這對一家飯店來講，不是價值很大嗎，對不對？」

卡內基一面說，一面把這兩項壞處寫在「弊」的下面，然後把紙遞給飯店的經理，說：「我希望你好好考慮你可能得到的利弊，然後告訴我你的最後決定。」

第二天卡內基收到一封信，通知他租金只漲50％，而不是300％。

請注意，卡內基沒有說出一句他所要的，就得到減租。他一直都在談論對方所要的，以及他如何能得到他所要的。

假設卡內基做出平常一般人所做的：他怒氣沖沖地衝到經理的辦公室去說：「你這是什麼意思，明明知道我的入場券已經印好，通知已經發出，卻要增加我三倍的租金？增加三倍！豈有此理！荒謬！我不付！」那麼情形會怎樣呢？一場爭論就會如火如荼地展開——而你知道爭論會有什麼後果。甚至即使他使經理相信自己錯了，其自尊心也會使他很難屈服和讓步。

明天，你也許有機會要求某人做某事。記住，在你開口之前，先停下來問你自己：「我怎樣才能讓這個人想去做這件事？」

這一問題會讓我們不至於過分急躁，更不會只為了自己的需要而做徒勞無益的囉嗦。

亨利‧福特對處理人際關係所提出的忠言：成功的人際關係在於你能捕捉對方觀點的能力；還有，看一件事須兼顧你和對方的不同角度。

這話真是金玉良言，這道理也十分簡單明瞭，每個人都能一眼看出此話不假。但是，這世界仍有90％的人在90％的時間裏忽視其重要性。

歐文‧楊是一個著名律師，也是美國有名的商業領袖。他說過：「能設身處地為他人著想，瞭解別人心裏想些什麼的人，永遠不用擔心未來。」

如果你想學會待人處世，那麼，請記住這個原則：想到別人的需求。

如何打動別人的心

每一個拜訪過艾森豪威爾的人，都對他淵博的知識感到驚訝。不論是一名牛仔或騎兵、紐約政客或外交官，艾森豪威爾都知道該對他們說什麼。他怎麼辦到的呢？答案很簡單，每次艾森豪威爾知道有人要來，就提前讓祕書將來訪的客人的資料都準備好，這樣他就知道這位客人特別感興趣的話題了。

因為艾森豪威爾知道，打動人心的最佳方式是跟他談論他最珍貴的事物。

馬里蘭州的海瑞曼退伍後，想在馬里蘭的康伯蘭谷地定居。不幸的是，這個地區的工作機會很少。觀察了一段時間之後，他發現這地區裏的公司大部分都由一個叫作范克豪斯的人獨佔，但是，他是出了名的討厭求職者。海瑞曼說：「我向許多人打聽，發現他最大的興趣就是權利和金錢。為了躲避像我這樣的人，他用了一位很精明嚴肅的女祕書。我研究了這位祕書的興趣後，就直接去拜訪她。當我告訴她，我有個建議要給范克豪斯，這個建議可能使他在財務和政治上一舉兩得時，她感到有興趣了。我又對她說，她在范克豪斯的成功中扮演著極具建設性的角色。這次談話之後，她安排了我去見范克豪斯先生。他坐在一張雕刻的大桌子後面，對我吼著：『什麼事啊，年輕人？』我回答說：『范克豪斯先生，我相信我能為你賺更多的錢。』他馬上站了起來，請我到一張大沙發上坐下。我一一地說出我的構想和我的條件資歷，來描繪這些建議，而且說明這些對他事業和個人的成功會有多大的貢獻。

　　「他瞭解之後，立刻雇用了我。現在已經有三十多年了，我在他的企業中成長，而且我們三個都飛黃騰達了。」

　　有時，挑別人喜歡的說和做，對雙方都會有益。大體上來說，每當這樣做時，人的生命就會獲得再度的擴展。

第四章：替他人著想的法則

　　不要因為你的敵人而燃起一把怒火，來燒傷你自己。

⚜ 學會寬容

　　卡內基說：「愛你的仇人，善待恨你的人。詛咒你的，要為他祝福；凌辱你的，要為他禱告。」

· 報復心理是病源

　　多年前的一個晚上，卡內基正旅行經過黃石公園。一位森林的管理人員騎在馬上，跟一群興奮的遊客談些關於熊的事情。他告訴他們：一種大灰熊大概能夠擊倒西方所有的動物，除了水牛和另一種黑熊。但那天晚上，他卻注意到一隻小動物──只有一隻，那隻大灰熊不但讓牠從森林裏出來，並且和牠在燈光下共食。那是一隻臭鼬！大灰熊知道，牠的巨大手掌，可以一掌把這隻臭鼬打昏，可是牠為什麼不那樣做呢？因為牠從經驗裏學到，那樣做很划不來。

　　卡內基也知道這一點。當他還是個孩子的時候，曾經在密蘇里的農莊裏抓過四隻腳的臭鼬；長大成人以後，他在紐約的街上也曾碰到過幾個像臭鼬一樣的兩隻腳的人。他從這些不幸的經驗裏發現：無論招惹哪一種臭鼬，都是划不來的。

　　當我們恨我們的仇人時，就等於給了他們致勝的力量。那力量能夠妨礙我們的睡眠、我們的胃口、我們的血壓、我們的健康和我們的快樂。要是我們的仇人知道他們如何令我們擔心，令我們苦惱，令我們一心報復的話，他們一定會高興得跳起舞來。我們心中的恨意完全不能傷害到他們，卻使我們的生活變得像地獄

一般。

　　你猜是誰說過？「要是自私的人想佔你的便宜，就不要去理會他們，更不要想去報復。當你想跟他扯平的時候，你傷害自己的，比傷到那個人的更多……」這段話聽起來好像是什麼理想主義者所說的，其實不然。這段話出現在一份由密爾瓦基警察所發出的通告上。報復怎麼會傷害你呢？傷害的地方可多了。根據《生活》雜誌的報道，報復甚至會損害你的健康。這家雜誌告訴人們：高血壓患者大多都容易憤慨，憤怒不止的話，長期性的高血壓和心臟病就會隨之而來。

· 火爆脾氣能送命

　　卡內基的一個朋友曾發作過一次嚴重的心臟病，他的醫生命令他躺在床上，不論發生任何事情都不能生氣。醫生們都知道，心臟衰弱的人，一發脾氣就可能送掉性命。許多年以前，在華盛頓州的史波肯城，有一個飯館老闆就是因為生氣而死去。這是一封從華盛頓州史波肯城警察局長史瓦脫那裏來的信。信上說：「幾年以前，史波肯城一家小餐館的老闆，因為他的廚子一定要用茶碟喝咖啡，使他非常生氣，抓起一把左輪槍去追那個廚子，結果因為心臟病發作而倒地死去——手裏還緊緊地抓著那把槍。驗屍官的報告宣稱：他因為憤怒而引起心臟病發作致死。」

· 怨恨心理會毀容

　　一些女人，她們的臉因為怨恨而有皺紋，因為悔恨而變了形，表情僵硬。不管怎樣美容，對她們容貌的改進，也比不上讓她心裏充滿了寬容、溫柔和愛所能起的作用。

　　怨恨的心理，甚至會毀了我們對食物的享受。《聖經》上面說：「懷著愛心吃蔬菜，會比懷著怨恨吃牛肉好得多。」

　　要是我們的仇人知道我們對他們的怨恨使我們筋疲力竭，使我們疲倦而緊張不安，使我們的外表受到傷害，使我們得心臟

病，甚至可能使我們短命的時候，他們不是會很高興嗎？即使我們不能愛我們的仇人，至少我們要愛我們自己。我們要使仇人不能控制我們的快樂、我們的健康和我們的外表。就如莎士比亞所說的：「不要因為你的敵人而燃起一把怒火，來燒傷你自己。」

☺ 溫和能帶來好運

　　史特勞伯先生是個工程師，他想要求房東減低房租，但他聽說房東是個鐵面無私的人，恐怕很難說動。「我寫了一封信給他，」史特勞伯回憶道，「我告訴他，等租約一到，我就要搬出公寓。事實上，我並不想搬家，只要房租降低，我很願意繼續住下去。但情況並不樂觀，其他房客試過，但都沒有成功。他們告訴我，這位房東極難應付，要特別小心。我對自己說：『我正選修一門與人相處方法的課程，正好可以實驗一下，看看效果如何？』」

　　「房東一接到信後就來找我。我在門口與他打招呼，講些熱誠的問候話。我沒有提到房租太高的事，只告訴他很喜歡這棟公寓。我平靜溫和地恭維他很會管理房子，說自己假如不是付不起房租的話，我很願意再多住一年。他一定是從來沒有碰到過這樣的房客，顯然一時不知該如何是好。」

　　「後來他告訴我一些困擾，就是房客們的抱怨。有人寫了十四封信給他，其中有些顯然在侮辱他，還有人要他叫樓上的房客停止打鼾，否則就要毀約。『像你這樣的房客，真讓我鬆口氣。』他說，並且沒經過我的要求，自動減低了一些房租，我說出我能付出的數目，他也不多說什麼便爽快地答應了。」

　　「在他準備離開的時候，忽然轉過身來問我：『房子有沒有什麼需要裝修的？』」

　　「如果我用別人的方法要求減租，相信碰到的下場也同他們一樣。這就是友善所產生的力量。」

　　記住林肯所說的話：「一滴蜂蜜要比一加侖的膽汁，招引更多蒼蠅。」

學會忘記仇人

　　我們也許不能像聖人般去愛我們的仇人，可是為了我們自己的健康和快樂，我們至少要原諒他們，忘記他們，這樣做實在是很聰明的事。有一次卡內基問艾森豪威爾將軍的兒子約翰，他的父親會不會一直懷恨別人。「不會，」他回答，「我爸爸從來不浪費一分鐘，去想那些他不喜歡的人。」

　　有句老話說：「不能生氣的人是笨蛋，而不去生氣的人才是聰明人。」

　　這也就是前紐約州長蓋諾所抱定的政策。他被一份內幕小報攻擊得體無完膚之後，又被一個瘋子打了一槍幾乎送命。當他躺在醫院為他的生命掙扎的時候，他說：「每天晚上我都原諒所有的事情和每個人。」

　　有一次，卡內基曾問布魯克——他曾經做過威爾遜、哈定、柯立芝、胡佛、羅斯福和杜魯門六位總統的顧問。卡內基問他會不會因為他的敵人攻擊他而難過？「沒有一個人能夠羞辱我或者干擾我，」他回答說，「我不讓自己這樣做。」

　　也沒有人能夠羞辱或困擾你——除非你讓自己這樣做。

　　棍子和石頭也許能打斷我們的骨頭，可是言語永遠也不能傷著我們。

🜲 一個有效方法

　　有一個能原諒和忘記誤解和錯對自己的人的有效方法，就是讓自己去做一些絕對超出我們能力以外的大事，這樣我們所碰到的侮辱和敵意就無關緊要了。因為這樣我們就不會有精神去計較思想之外的事了。在美國歷史上，恐怕再沒有誰受到的責難、怨恨、陷害比林肯多了。但是韓登不朽的傳記中記載，林肯卻「從來不以他自己的好惡來批評別人。如果有什麼任務待做，他也會想到他的敵人可以做得像別人一樣好。如果一個以前曾經羞辱過他的人，或者是對他個人有不敬的人，恰是某個位置的最佳人選，林肯還是會讓他去擔任那個職務，就像他會派任他的朋友去做這件事一樣……而且，他也從來沒有因為某人是他的敵人，或者因為他不喜歡某個人，而解除那個人的職務。」很多被林肯委任而居於高位的人，以前都曾批評或是羞辱過他──比如像麥克里蘭、斯丹東和齊斯。但林肯相信「沒有人會因為他做了什麼而被歌頌，或者因為他做了什麼或沒有做什麼而被貶低。」因為所有的人都受條件、情況、環境、教育、生活習慣和遺傳的影響，使他們成為現在這個樣子，將來也永遠是這個樣子。

🜲 切勿睚眥必報

　　喬治‧羅納是瑞典的一位著名律師。在第二次世界大戰期間，他逃到瑞士，身無分文，很需要找份工作。因為他能說能寫好幾國語言，所以希望能在一家進出口公司裏找一份祕書的工作。絕大多數公司都回信告訴他，因為正在打仗，他們不需要用這一類的人，不過他們會把他的名字存在檔案裏……等等。不過有一個人在寫給喬治‧羅納的信上說：「你對我生意的瞭解完全錯誤。你既錯又笨，我根本不需要任何替我寫信的祕書。即使我

需要，也不會請你，因為你甚至連瑞士文也寫不好，信裏全是錯字。」

喬治・羅納看到這封信的時候，簡直氣得發瘋。那個瑞士人寫信來說他寫不好瑞士文是什麼意思？那個瑞士人自己的信上就是錯誤百出。

於是喬治・羅納也寫了一封信，目的是想使那個人大發脾氣。但接著他就停下來對自己說：「等一等，我怎麼知道這個字是不是對的？我修過瑞士文，可是這並不是我家鄉的語言，也許我確實犯了很多我並不知道的錯誤。如果是那樣的話，我想要得到一份工作，就必須再努力地學習。這個人可能幫了我一個大忙，雖然他本意並非如此。他用這種難聽的話來表達他的意思，並不表示我就不虧欠他，所以應該寫封信感謝他。」

於是喬治・羅納撕掉了他剛剛寫好的那封罵人的信，另外寫了一封信說：「你這樣不嫌麻煩地寫信給我實在太好了，尤其是你並不需要一個替你寫信的祕書。對於我把貴公司的業務弄錯的事我覺得非常抱歉，我之所以寫信給你，是因為我向別人打聽，而別人把你介紹給我，說你是這一行的領導人物。我並不知道我的信上有很多文法的錯誤，我覺得很慚愧，也很難過。我現在打算更努力地學習瑞士文，以改正我的錯誤，謝謝你幫助我走上改進之路。」

不到幾天，喬治・羅納就收到那個人的回信，請羅納去看他。羅納去了，而且得到一份工作，喬治・羅納由此發現「溫和的回答能消除怒氣」。

要時時保持「化干戈為玉帛」的心態，理解和友善地對待他人，才能反過來受到他人的友善對待。

🏵 做一個善解人意的人

　　有的時候與我們交往的對方也許全錯了，但他本人並不一定意識到了這一點。不要去責備他，那樣做太愚蠢了。應該試著去瞭解他，這樣的人才是聰明、寬容的人，才會在人際交往中如魚得水。

　　別人之所以認為自己沒有錯，一定有他的原因。找出那個隱藏著的原因，那你就擁有了解釋他行為或者個性的鑰匙。

　　如果你總能對自己說：「我要是處在他的情況下，會有什麼感覺？會有什麼反應？」那你就能節約不少時間，免去許多苦惱。因為「若對原因感興趣，我們就不大會討厭結果」。而除此以外，你還將大大增加人際溝通的技巧。

　　「暫停一分鐘，」肯尼斯‧庫第在他的著作《如何使人們變得高貴》中說，「暫停一分鐘，把你對自己事情的高度興趣，跟你對其他事情的漠不關心，互相做個比較。那麼，你就會明白，世界上其他人也正是抱著這種態度！這就是：要想與人相處，成功與否全在於你能不能以同情的心理理解別人的觀點。」

　　這一點，卡爾先生有其獨特的心得：

　　「多年來，我經常在我家附近的一處公園內散步和騎馬，作為消遣和休息。我跟古代高盧人的督伊德教徒一樣，『只崇拜一棵橡樹』。因此，當我一季又一季地看到那些嫩樹和灌木被一些不必要的大火燒毀時，覺得十分傷心。那些火災並不是由於吸菸者的疏忽而引起的，而幾乎全是由那些在公園野餐，在樹下煮蛋和做『熱狗』的小孩子們引起的。有時火勢太猛，甚至要驚動消防隊來撲滅。」

　　「在公園的一個角落裏，立著一塊告示牌說：任何使公園內起火的人必將受罰或被拘留。但告示牌立在一個偏僻的角落

裏，很少有人看到。公園裏有騎馬的警察，本應該照顧公園才對，但他們並未盡職。火災繼續在每一個季節裏蔓延。有一次，我慌慌張張地跑到一位警察面前，告訴他公園裏有一處著火了，希望他趕快通知消防隊，但他竟然漠不關心地回答，這不關他的事，因為那兒不是他的轄區！我真失望。從此，我再到公園騎馬的時候，就像一名自封的管理員那樣，試圖去保護公共財產。剛開始，我並不去試著瞭解孩子們的想法，一看到樹下有火，心裏就很不痛快。我總是騎馬來到這些孩子面前，警告說：如果他（她）們使公園發生火災，就要被送進監獄去。我以權威的口氣，命令他們把火撲滅。如果他們拒絕，我就威脅說要叫人把他們抓起來。我只是盡情發洩我的怒氣，根本沒有慮及他們的想法。結果呢？那些孩子服從了——不是心甘情願而是憤恨地服從了。但等我騎馬跑過山丘之後，他們很可能又把火點燃了，而且恨不得把整個公園燒光。」

「隨著年歲的增長，我對與人交往有了更多一點的知識，變得通情達理了一點，更懂得從別人的觀點來看事情。於是，我不再下命令了，我會騎著馬來到那個火堆前，說出這樣一番話：

「『玩得痛快嗎？孩子們。你們晚餐想吃點什麼？我小時候也很喜歡燒火堆，而現在還是很喜歡。但你們應該知道，在這個公園裏燒火是十分危險的，我知道你們幾位會很小心，但其他人可就不這麼小心了。他們來了，看到你們生起了一堆火；因此他們也生起了火，而後來回家時卻又不把火弄熄，結果火燒到枯葉，蔓延開來，把樹木都燒死了。如果我們不多加小心，以後這兒會一棵樹都沒有了。但我不想太嘮叨，掃了你們的興。我很高興看到你們玩得十分痛快；可是，能不能請你們現在立刻把火堆旁邊的枯葉子全部撥開。另外，在你們離開之前，用泥土、很多的泥土把火堆掩蓋起來。你們願不願意呢？下一次，如果你們還

想生火，能不能麻煩你們改到山丘的那一頭，就在沙坑裏生火。在那兒起火，就不會造成任何損害……真的謝謝你們，孩子們！祝你們玩得痛快。』」

「這種說法有了極大的效果，使得那些孩子們願意合作了，不勉強、不憎恨。他們並沒有被強迫接受命令，他們保住了面子，覺得舒服了一點。我也會覺得舒服一點，因為我事先考慮到了他們的看法，再來處理事情。」

以後，當你請求任何人把火滅掉，或請求他買一瓶清潔液，或請求他捐出五十元給紅十字會之前，何不暫停一下，閉上眼睛，試著從別人的角度仔細想一想整件事？問問你自己：「為什麼他這麼做？」不錯，這要花費你很多時間，但這能使你結交到朋友，得到更好的結果，減少摩擦和困難。

第五章：展示自己的法則

推銷是一種你不會在朋友面前那樣表現的行為。

建立信心

一位成功的公司女主管說：「我在一家修道學校等了十二年，結果，當我開始推銷的時候，每當有人和我說話，我就向他鞠躬。我一再地道歉。假如我發高燒，我就說對不起。假如我的老闆發高燒，我也說對不起。如果外面下雨，我還是說對不起。」學習自我推銷的必需課程是，有辦法看出你自己的錯誤和缺點，從而改正、完善它們，但你也必須學會判斷你什麼時候有權為一些不太順利的事情不負責任。男人相對而言可能知道什麼事情他們必須負責，什麼事情可以不理會。

一家大報社的廣告經理說：「推銷是一種你不會在朋友面前那樣表現的行為。」當你推銷一種產品的時候，你要對方買下來，你要對方把你看成是一個誠實、真摯的人。通常，當你說「推銷」的時候，你跟他們之間就出現一道無形的鴻溝。你必須使別人相信，你有一種特殊的產品正是他需要的。

自我推銷的方法之一，是絕不可表現出很害怕的樣子。那如果你沒有被雇用呢？還有別的工作啊。當然，如果你失業了一年，太太懷孕了九個月，孩子需要矯正牙齒，你在找工作接受面試時，有權看起來忐忑不安。但可能的話，要看起來很有信心，甚至即使你覺得你像剛從一架飛機中被推出來。

最重要的是，你要認為你有資格擔任哪項職務，如果你被雇用的話，你認為你會做得很好。

此外，當你在推銷自己的時候，不要害怕做錯事，但一定要

從錯誤中得到教訓。

推銷自己，十分類似參照一本詳細的食譜，去準備一道菜。正當你認為每一步都確實照做了之後，還必須回到第一頁，做最後的加油添醋，這才是成敗的關鍵。

推銷自己的方式，必須經常修改。你不再是五年前的你，也不會是五年後的你。你接觸的那些人，他們也有改變之處，人家對你的態度也會改變的。

如果你對自己有信心，真誠和信心將是你最大的資產。這是推銷自己時該記住的最重要的一點。

推銷自己是一種才華，也是一門藝術。就像是繪畫的能力，兩者都需要培養個人的風格。沒有風格的話，你只是芸芸眾生中的一個而已。風格是所有我們以前和現在所看到的和感受到的綜合品。

🏅 如何推銷自己

關於做人處世，這是一句至理名言。「如果成功有任何祕訣的話，」亨利·福特說，「就是了解對方的觀點，並且從他的角度和你的角度來看事情的那種才能。」

這段話真是太好了！

這句話太簡單，太明顯了，任何人應該第一眼就能看出其中的道理；但是世界上有百分之九十的人在百分之九十的時間裏，卻忽視了其中的道理。

舉個例子，看看明天早上放在你桌上的信件吧，你就會發現，那些信件多數違反了這個常識。拿這封信來說，寫信的是一家廣播公司的無線電部門主管，全美國都有分公司。這封信發給全美各地的無線電臺經理。（卡內基在每個括弧內，寫下他對每

一段文字的反應。）

　　印第安那州布蘭克維爾

　　約翰‧布蘭克先生

　　親愛的布蘭克先生，

　　本公司希望在無線電界，保護廣告業務的領導地位。

　　（誰管你的公司希望什麼？我擔心的是我自己的問題。銀行正準備沒收我抵押的房子，害蟲正啃嚙著蜀葵，昨天股票大跌，今天早上我誤了八點十五分的火車，昨天晚上瓊斯家沒有邀請我去跳舞，醫生說我的血壓過高，有神經炎，頭皮屑太多。然後，又發生了什麼呢？我今天早上抵達辦公室心煩得很，打開我的信件，卻讀到紐約一個名不見經傳的人物，嘮叨他公司的什麼希望。去他的！如果他能瞭解他這封信給人的印象，他就會離開廣告界，改行去製造消毒液。）

　　本公司的廣告客戶，是那些無線電臺。每一年，本公司的營業額，都是名列前茅。

　　（你又大，又富，又遙遙領先，是不是？那又怎樣？我才不管，即使你的公司有通用汽車公司、通用電氣公司和美國陸軍總部合起來那麼大。如果你不這麼淺薄的話，你就應該明白我只關心我有多大，而不是你有多大。你提到自己有多成功，這一切只使我覺得渺小和不重要。）

　　我們希望把有關無線電臺的最新消息，提供給我們的客戶。

　　（你希望！你希望！你這個不知天高地厚的笨蛋。我才不管你有什麼希望，或墨索里尼有什麼希望，或平克勞斯貝有什麼希望。我要乾乾脆脆地告訴你，我只對我的希望感興趣，而對於這一點，你卻沒有在你這封荒謬的信中提到一個字。）

　　因此，你可以把本公司列為你們報告每週消息的必要對象——

每一項對廣告公司有利於在黃金時間插播廣告的細節。

　　（「必要對象。」好大的口氣！你大談特談你們的大公司，使我覺得微不足道，然後你要我把你們列入「必要」的對象中，甚至連個「請」字也不說。）

　　即刻回信，告訴我們你們最近的「活動」，將對彼此有益。

　　（你這個笨蛋！你寄給我一封低級的複寫信件──一封像秋葉似的寄至天涯海角的千篇一律的信；你居然斗膽地在我擔心房子抵押、蜀葵和高血壓的時候要我坐下來，親自口述一封私人的信，告訴你收到你這封複寫的信，而且你要我「即刻」回信。你這「即刻」是什麼意思？難道你不知道我跟你一樣忙碌，或至少我喜歡想像成跟你一樣忙碌。還有，既然我們是在談這個問題，我倒要問問你，你有什麼權力命令我做這做那的？你說這件事將對「彼此有益」。終於，你開始看清了我的觀點。但是怎樣對我有益，你卻含糊不清。）

　　無線電臺部門經理約翰‧布蘭克誠懇地再啟：所附上的布蘭克維爾日報副本，對你有參考價值，你也許要在貴電臺播放出來。

　　（終於，你在再啟中，提到了一項也許可以幫我解決一個問題的一件事。你為什麼不在信的一開頭就提到這點，但又有什麼用呢？任何廣告界的人犯了你這種毛病，延腦一定有問題。你不需要寫信來要一份我們的近況，你需要的是一夸脫的碘，注入你的甲狀腺。）

　　如果一個人一生致力於廣告事業，自以為具有勸說他人購買廣告的高等才華─假如他寫出一封這樣的信來，我們對屠夫、麵包師傅、汽車機械修理者，還能期望什麼呢？

　　在紐約一家銀行工作的芭貝拉‧安德生，為了兒子的健康而搬到亞利桑那州鳳凰市去。她給鳳凰市的十二家銀行寫了一封

信：

敬啟者：

　　本人在銀行工作已有十年經驗，並為快速成長之貴銀行感到興趣。

　　本人曾在紐約銀行家信託公司各部門工作，現已升為分部經理，熟悉銀行各部門業務，包括與存戶之關係、信用、貸款及行政。

　　本人將在五月遷居鳳凰市，深信能有助於貴銀行之成長與獲利。本人將在四月三日前後一星期到達鳳凰市，如能蒙賜機會，使本人顯示如何有助於貴銀行達到目標，則感激不盡。

敬頌

商安

芭貝拉‧安德生

　　你認為安德生太太這封信會得到回音嗎？十二家銀行中有十一家來信請她去面談，足可以供她選擇。為什麼呢？安德生太太沒有說她要什麼，只是在信中說她如何地可以幫助他們，著重他們的需要，而絲毫不提自己的需要。

　　今天有成千上萬的推銷員穿梭在城市的各個角落，來往於熙熙攘攘的人群中，既疲憊、消極，收入又微薄。為什麼會造成這種尷尬的局面？是他們推銷的商品不合格嗎？不是，儘管有些推銷員推銷的商品品質不好卻以次充好，但不可否認大部分推銷員推銷的商品品質還是信得過的；是他們推銷的商品價格太昂貴了嗎？也不是，把他們推銷的同類商品的價格與商場相比，我們發現推銷員推銷的商品的價格要優惠得多。推銷員推銷不出手中的商品的原因在於他們所想的一直是要推銷他們手中的商品，他們

沒有發覺，你或我都沒有購買的欲望。如果要買的話，我們自己會去買，但我們一直都想解決我們的問題。如果一位錐銷員能讓我們知道他的服務或商品將如何能幫助我們解決問題，他就不需要向我們推銷了，我們自然會買。

安德生太太的信使得銀行和雙方都有收穫：銀行方面獲得了一位出類拔萃的工作人員，而安德生太太也得到了適合的工作。

引起迫切渴望的需要的原則，使每一個人都有收穫的一個例子是美國羅德島州瓦魏克市的麥克‧魏登所提出來的。

麥克‧魏登是蜆牌石油公司的一名地區推銷員。麥克希望成為他所屬區域裏業績第一名的地區推銷員。但是有處加油站卻使他的努力受到影響。這處加油站由一名老人擔任經理。麥克想盡辦法仍不能使這名老人保持這處加油站的清潔，因此汽油銷售量大為降低。

不論麥克怎樣請求改進加油站的清潔，這位老人就是不理會，經過多次勸導和誠懇地談話卻沒有效果之後，麥克決定邀請這位經理去看看他區內最新的一處蜆牌加油站。

這位經理對新加油站的設施印象深刻，而當麥克下一次去看他的時候，他的加油站已經清潔乾淨，而且銷售量已經增加。這使麥克達到了成為他所屬區域內業績第一名的目標。他過去的談話和討論都沒有收到效果，因為沒有引起這位經理的興趣，邀請那位經理去參觀了現代加油站之後，卻激起了那位經理內心迫切渴望的需要，他達到了他的目標，而那位經理和麥克都得到了好處。

✿ 適時地表現自己的專長

卡內基認為，一個人要想在事業上有所作為，廣闊的交際網是必不可少的手段之一，然而如果要想建立交際網，就要靠自己

的專長了。

　　有些人絲毫不衡量自己的能力就想謀得管理者的職位，不論是什麼職務都可以，只要做「官」就好。這種人可說是既沒節操又沒有責任感。任何國家的政壇如果充斥著這樣的政客，那就不只是這些人讓人瞧不起，這個國家的政務也必定雜亂無章。

　　在政客的世界裏，或許無知的人也可以擔任要職；但在競爭激烈的商界，唯有實力派的人才能得到地位。因此，要在激烈競爭之下出人頭地，就必須要有自己的專長，也就是高度的專業知識。

　　業務員具有一般的業務常識，這並沒有什麼值得炫耀的，因為這是他的本分。你是否能夠成為自己這一行之中的佼佼者，就看你是不是具有比他人更豐富的專業知識。

　　H君是位廣告代理商的員工，他只有高中文憑又沒有其他特長，在廣告公司裏並不特別出色。當H君的公司剛開始引進電腦的時候，公司召開了幹部會議。使用電腦的常識在今天來說已經是人盡皆知的基本知識，但在當時幾乎沒有幾個人瞭解其中的奧妙。雖然在會議中電腦供應商已經非常詳細地教授了大家，但由於這些管理階層的幹部大多是文科畢業，聽了也是一知半解。最後，輪到了H君發表意見，H君的意見非常具有深度，讓大家都大吃了一驚。H君所發表的意見連理工科畢業的技師都自歎弗如。

　　結果，H君被拔擢升至電腦工作室的主管。如今，H君依然在這個崗位上表現得非常出色。H君在身為業務員時就已經預測到有一天電腦會流行，所以私底下吸收了許多這一方面的知識。

　　所謂專長指的就是這個。暗藏實力而讓大家覺得你具有不容忽視的能力，這樣才能得到別人的尊敬與信賴，也才能拓展自己的交際範圍。

第六章：塑造自身形象的法則

　　交際並不是說到就做到，捨外型談交際就好像說樹上的果子好吃，卻不爬樹也不架雲梯一樣。

❀ 如何塑造外型

　　良好的外形是美好的心靈的反映，一位心靈美好、思維敏捷的女子總能在外型上給人以舒適的感覺，不然何來秀外慧中一詞呢？

　　有人會有異議：「外型哪會成為問題，交際的內容最要緊。」交際的內容的確重要，但是交際並不是說到就做到，捨外型談交際就好像說樹上的果子好吃，卻不爬樹也不架雲梯一樣。

　　你看見一個成年人穿一條牛仔褲，你會有輕佻的印象嗎？你看某人穿的長褲褲管中間沒有一條線，你會有「不好看」之感？如果你的答覆都是肯定的，那麼你就不能不正視現實。留意你的服裝，這意思並不是叫你穿上最流行的、最時髦的服裝，只是請你穿得整齊、整潔，至於衣服是新是舊品牌是好是壞，都不成問題。

　　現在有大量的公司對所屬的雇員的裝扮都有「規定」，所謂規定自然不是指一定要穿成怎麼好看或指定衣料，而是觀感和水準。

　　專家所著的書中，提出交際的服飾應注意的六點如下：一、鞋擦過了沒有？二、褲管有沒有中線？三、襯衫的扣子統統釦了沒有？四、鬍子剃了沒有？五、頭髮梳好了沒有？六、衣服的縐紋是否注意到？

　　泰國有一家保險公司的外勤人員向公司報告，當他們向農民

進行勸說工作時，穿著整齊的比穿著不好的在生意成績上超出很多，可見農民們本身雖然穿著不好，但對穿著整齊的人，總是較有信賴感的。

　　所以，不要過分嘲笑「先敬羅衣後敬人」這種社會風習。我們進行應酬時，應該重視一下現實，要推己及人，不然的話，便要遭受一些不必要的失敗。

☬ 注重自我形象

　　心理醫生福爾曼說：「你要推銷的第一個對象是你自己。你越練習好像越對自己很有信心，就越能造成一種你很棒的氣氛。你必須感受到，你有權呼吸，佔據一個空間，感覺很自在。」你的態度完全反映在你的舉手投足之間。一個感到自在的人，就會坐在整個椅面上，而不是只坐在邊緣上。如果他個子很高，他就不會縮著脖子。自我推銷與可信程度之間的關係，遠超過任何你要推出的產品或觀念。你必須有辦法直直地盯住對方的眼睛，使他相信你是一個可靠的人。

　　在你小時候，母親可能已給了你第一個忠告：保持你自己的本色。這一種推銷的方式，在你小時候可能會很有效用。但是商業界，你那種親友們都喜歡的本色，可能就令人不好接受了。「保持自己的本色可能會令人討厭，」派特‧華納說，他是一家廣告公司的總裁，「我們最好的朋友通常是那些對我們吐露心語，而且我們可以表達任何意見的人。但是，這種公開的交換意見，在一般情形下，並不是陌生人之間的正確行為。」

　　一個人做自我推銷，必須先看清楚對方是誰，其次要判斷對方對你的看法，看起來不利的情形，幾乎總是可以轉變得無關緊要或成為優點。一九六○年，美國總統大選時，約翰‧甘迺迪和

理查‧尼克森進行電視辯論。在那之前，許多政治分析家都認為甘迺迪處於劣勢。他年輕，名氣不大，是天主教徒，家境富有，波士頓口音很重。但是在螢幕上，觀眾看到的是一個心平氣和，說話很快卻很輕鬆的人，面孔清新而討人喜歡。在他旁邊，尼克森看起來飽經風霜、緊張、不自在，他眼睛有黑圈，似乎顯示出他不是一個正大光明的人。正是由於這次電視辯論，這種在美國大眾面前的推銷，而改變了人們的看法，轉而喜歡甘迺迪。

在做自我推銷的時候，我們的外表非常重要，而且永遠不可忽視。「如果你有一張大大的面孔，五官至少有一處非常醒目，對你很有好處……詹森總統的大耳朵就是個例子。」柯爾達在他的著作《權力》中說。

許多調查顯示，體型高大瘦削的人，幾乎總是變成國際電信電話公司的總裁。這並不是說，如果你是個矮胖的人，就應該送到一個荒島上去。自我推銷時對你的外表要格外注意，要充分利用你的優點，上高級理髮店，減肥，熨西裝──盡一切辦法變成一個別人喜歡和你在一起的那種人。

做推銷時，有時候你必須盯著對方看。如果對方要買的是一種名牌產品，他通常喜歡推銷員特別強調高級產品帶給人高級身分的感覺；如果推銷員戴的是高級手錶，穿的是名貴皮鞋，就會給對方一種買到名貴物品的印象。這些人喜歡聞到堆在四周的鈔票味道。

但有時候這種海派的作風只會收到相反的效果。有些人不喜歡這種珠光寶氣的感覺，因為他們會覺得自己花了太多的錢去維持推銷員的穿戴，所以產品一定貴得很。對這些顧客，保守的服飾比較適宜。

在做自我推銷時，你的外表同樣應該隨著對象的不同而有所變化。

🎖 優雅的舉止能夠改善人際關係

　　卡內基說，舉止優雅的人，他人都會喜歡；而傲慢無禮的人將會沒有一個朋友。大家肯定聽說過這個寓言故事：「你希望擁有像我一樣強大的力量嗎？」北風問南風，「為什麼當我啟動的時候，人們卻以向海岸沿岸發出風暴警告的方式來歡迎我？我擰斷航船的桅桿就像你吹走蘆花的冠毛一樣容易。只要我的翅膀輕輕一搧，就可以在從拉布拉多到好望角的海岸上遍撒破碎的船隻碎片。我可以攪起，也經常攪起大西洋裏的海水。我給所有的病人和殘疾人帶來恐懼。為了抵禦我帶來的刺骨寒風，人們砍倒森林取火，並且為了給爐子提供燃料而開採大陸上的煤礦。在我的勢力範圍，所有的國家都只能在墳墓裏掙扎。你就不想擁有我如此強大的力量嗎？」南風沒有做出回答，卻從天空中飄走了。所有的河流、湖泊和海洋，所有的森林、田野和人們都微笑著歡迎它的到來。花園裏的花朵都盛開了，果園裏的果實都成熟了，銀色的麥田都變成了金色，如絮的白雲飄向高高的天空，鳥兒展開翅膀飛走，船隻揚起白帆遠航，健康和幸福降臨於世界各地。綠葉、花朵、果實和收穫，溫暖、光明、歡樂、美麗和生命就是南風對驕傲自大但是無情的北風提出的傲慢無禮的問題做出的回答。

　　傳說有一次，維多利亞女王用一種專斷的口吻對她的丈夫談話。艾伯特親王的自尊被她的話語刺傷了，他回到自己的臥室並關上了門，反鎖上，想獨自安靜地待一會兒。過了幾分鐘，有人敲門。

　　「是誰在敲門？」親王問道。

　　「是我。快給英國女王開門。」女王陛下傲慢地答道，沒有人回應她。隔了很長時間，傳來了一陣溫柔的敲門聲：「是我，

維多利亞，你的妻子。」這時門開了。

　　一位來自紐約的女士在一輛駛向費城的列車車廂裏剛找到座位坐下，坐在她對面的一名強壯的男子就點燃了一支香菸。她開始咳嗽，並且不自在地挪動。但是她的暗示毫無作用，於是這位女士直截了當地向這位強壯男子說道：「你也許是外國人，不知道列車後面掛著一節專用的吸菸車廂。而在其他的車廂裏吸菸是不允許的。」那名男子沒有回答，但是把香菸扔出了車窗。過了一會兒，當列車員告訴這位女士她闖入了格蘭特將軍的私人車廂時，她十分驚訝。她疑惑不解地離開了，將軍的良好教養使他寬恕了她的冒昧，沒有質問她，更沒有在臉上顯示嘲笑的表情，儘管她一直忐忑不安地盯著他那沉默不語、靜靜坐著的身軀，直到走出了車廂的門。

　　「在一個文明的社會裏，」約翰說過，「外表的優勢讓我們更加受人尊敬。一位衣著華麗的男士肯定會比一位衣著粗俗的男士受到更為優越的接待。」

　　人們不能不認為上帝是美好事物的熱愛者，祂把美麗和光榮的外衣披到了祂所有的作品上。每一朵鮮花都鮮豔，每一片田野都被美麗的披風所覆蓋，每一顆星星都被光芒所掩蓋，每一隻鳥兒都身披最有品味、最精緻的外衣。

　　我們的言行舉止和我們的品質在人際交往中總要受到人們的監督。每一次我們走入社會，都必須進入其他人的視野裏，我們最近的是非得失也都會被人注意到。每一個人都在內心裏問自己：「這個人是會升職還是降職呢？他已經跨越了多少等級了？」例如，當年輕的布朗先生走進卡內基訓練班的會客室裏時，在場的人都暗自判斷，並對自己說：「這位年輕人正在青雲直上；他要比別人更加細心、體貼、禮貌、周到、正直和勤勞。」在他身邊站著另外一位年輕人麥可，很顯然他在迅速地日

漸衰落。他為人粗心、冷淡、粗魯，不把別人放在眼裏，而且卑鄙、吝嗇，對僕人過於嚴厲，但是對陌生人又過於禮貌。

　　就這樣我們戴著貼在身上的無形的標籤度過了一生。這些標籤讓所有人認識我們。有時候我會認為如果一個人能夠解讀出周圍的人們對他自己的評價的話，那將是一個巨大的優勢。我們不可能一直欺騙世界，因為它會手持正義的天平站在我們的影子裏。正義會暴露我們的內心，從我們的眼睛裏或者舉止中流露出來，讓我們現出本性。

　　所以，為了和人們友好相處，我們在改善言行舉止的同時，也要注意品格的修養。如果說優雅的舉止可給我們帶來良好的人際關係，那麼，高尚的品格將會讓人人都喜歡你。我們應該努力做到內外兼修。

第七章：展現語言魅力的法則

　　事實上，沒有任何別的東西可以像良好的談話能力那樣使別人，尤其是使那些對我們瞭解甚少的陌生人，對我們產生美好的印象。

🏵 言談是交際的鑰匙

　　卡內基說，將自己的熱忱與經驗融入談話中，是打動人的簡速方法，也是必然要件。如果你對自己的話不感興趣，又怎能期望他人感動。

　　事實上，沒有任何別的東西可以像良好的談話能力那樣使別人，尤其是使那些對我們瞭解甚少的陌生人，對我們產生美好的印象。

　　成為一個好的健談者，運用你在交流溝通方面非同一般的技能，就能夠引起別人的興趣，吸引他們的注意力，並自然地使他們聚集到你的周圍。這是一種非常重要的技能，其重要性無可比擬。它不但可以令你在陌生人心目中留下美好的第一印象，同時也可以幫助你廣交朋友，擴展友誼。它打開了人與人之間溝通的大門，使彼此的心靈變得親近。它可以使你在各種各樣的人群中廣受歡迎，使得你能與別人融洽相處，在社會交往中如魚得水。如果你擁有這樣一種非同尋常的本領，那麼客戶、生意自然會源源而來。即便你在物質上一貧如洗，只要有良好的交談能力作支撐，你照樣可以擁有廣大的人脈。

　　不管你在其他藝術或技能方面的專業造詣有多高，達到怎樣一種爐火純青的地步，但你肯定不可能像運用談話技術一樣隨時隨地表現專業才能。如果你是一個音樂家，不管你的音樂天賦是

如何了得，不管你花費了多少年的時間來提高自己的演奏技巧，也不管你耗費了多少金錢，卻只有相對很少的一部分人可能聽到或欣賞你的音樂。

事實上，你可能擁有很多人只是偶爾看到或欣賞到的技藝，你可能有一個美麗溫馨的家，有許許多多的財產，但是，所有的這些都只有相對極少的一部分人瞭解；然而，如果你是一個健談者，那麼任何一個與你交談過的人都將強烈地領略到你的談話藝術，並感受到你的魅力和影響力。

在社交場合中，能說善道的健談者總是廣受歡迎。比如，任何人都希望邀請卡內基的好朋友比爾夫人參加宴會或招待會，主要是因為她伶牙俐齒，善於言辭。任何宴會或招待會，只要有她在場，她總能夠給別人帶來愉悅，使他們如沐春風。或許比爾夫人也和其他人一樣有許多缺陷和不足，但是人們仍然樂於與她交往，因為她非常健談，非常善於運用談話技巧，幾乎達到爐火純青的地步。與其他方式相比，彷彿談話最能迅速地反映出一個人在文化修養上的水準，是高雅還是粗俗，是溫文爾雅還是沒有教養。從一個人的談話中，我們還可以窺知其生活的全貌。你說話的內容和方式將揭示你的信仰，並向世人展現你最真實的一面。

在現實生活中，有相當多的成功人士在很大程度上把自己的成就歸功於出色的談話能力。這種能力是一種巨大的力量，能讓你在談話過程中引起別人的興趣並牢牢抓住他們的注意力。相反的，那些在談話過程中結結巴巴、語無倫次的人，那些儘管清楚地知道一件事情，卻無法以富有邏輯性的、饒有興趣的和簡潔有力的語言將它表達出來的人，總是處於極其不利的地位。

卡內基所認識的一個商人，其談話藝術幾乎修練到了爐火純青的地步，以至於聽他說話稱得上是一種很大的享受。他的話語極其流暢優美，就像山間清澈的小溪潺潺流過；他的每一個用詞

彷彿都是精心挑選的，力求精緻、高雅、準確；他的措辭造句更是文雅細緻。所以，當他開始談話時，他的魅力往往會迷倒任何一個在場聽他說話的人。那麼，他談話成功的祕密在哪裡呢？終其一生，那個人都在孜孜不倦地閱讀精美的散文和詩歌，並因此培養了高明的談話藝術。

不管未經加工的鑽石實際上是如何的貴重，但在它經過精雕細琢之前，是沒有人能認識到它的真正價值的，即便是再多的解釋、再多的描繪也無濟於事。只有在經過雕琢和打磨之後，在它發出璀璨奪目的光華之後，人們才會真正把握住珍寶。談話對於一個人的意義，正如鑽石的雕琢對於一塊石頭的意義一樣。所謂玉不琢，不成器，而人不藉由談話表現自己，外人同樣很難瞭解他的深刻內涵。雕琢的過程本身並不會給鑽石增加任何內容，它所發揮的作用僅僅是把它內斂的光華展示出來。

我們都知道，在一個人盡力向別人展示自己之前，沒有人確切地知道他身上到底擁有什麼潛質。只有在我們和他人交流溝通時，我們才會全神貫注，我們的感覺才會變得靈敏細緻。每一個擅長談話的人在和一個以前素未謀面的陌生人交談時，往往都會感到對方在他身上注入了一種巨大的力量，因為後者經常會激勵或鼓舞他追求全新的奮鬥目標。思想與思想之間的碰撞、心靈與心靈之間的溝通經常會產生耀眼的火花和全新的力量，正如把兩種化學物質混合在一起會生成第三種物質一樣。

◉ 溝通能夠贏得勝機

成事者都非常明白：人都生活在社會群體中，而人際關係就成了你與社會交往的一條樞紐。可是人際關係並不是一日之間就可以建立起來的，而需要你去長期經營。之所以會如此，是因為

好的人際關係需要時間來瞭解，再從瞭解到信賴，而這個過程短則一年半載，長則七、八年，甚至十年、二十年！兩三天就「一拍即合」的人際關係往往是利益上的關係，基礎很脆弱，這並不是好的人際關係，它帶給你的有時甚至是毀滅性的打擊！

所以，你建立的應該是一種經得起考驗的人際關係，而不是速成的人際關係。

成功者都懂得人際溝通的技巧。成功者都非常珍視人際溝通的能力。

美國石油大王洛克菲勒說：「假如人際溝通的能力也是如同糖或咖啡一樣的商品的話，我願付出比太陽之下任何東西更高的代價購買這種能力。」由此可見人際溝通能力在他心目中的地位。

在現代社會裏，不善於人際溝通，便會失去許多合作的機會；而沒有合作，單靠一個人或少部分人的努力，是不會有真正的成功的。

艾科卡是美國最著名的企業家之一，曾在美國民意調查中當選為「美國最佳企業主管」。他曾經擔任美國福特汽車公司的總經理，後來卻在另一家汽車公司克萊斯勒公司瀕臨倒閉時，就任克萊斯勒公司的總裁。

「受命於危難之際」的艾科卡是怎樣拯救這家奄奄一息的公司，從而創造出為人們所津津樂道的「艾科卡神話」的呢？他的法寶之一就是人際溝通。

當時的克萊斯勒公司產品品質不高，債臺高築，求貸無門，人浮於事，「就像一隻漏水的船在波濤洶湧的洋面上漸漸下沉」。

艾科卡明白，要東山再起，重振企業，除了首先在內部大刀闊斧地改革，提高員工的士氣外，必須儘快著手開發新型轎車，

重新參與市場競爭，除此之外沒有第二條路可走，可是當時大大小小的銀行無一家肯貸款給他的公司。嚴酷的現實迫使艾科卡向政府求援，希望得到政府的擔保，以便從銀行貸到十億美元的貸款。

消息傳出後，在社會各界引起了軒然大波。原來，美國企業界有條不成文的規矩，認為依靠政府的幫助來發展企業，是不符合自由競爭原則的。

面對眼前的困境，艾科卡既沒有洩氣，也沒有抱怨，他知道溝通比抱怨更重要。

他每天工作十二至十六小時，奔走於全國各地，到處演講遊說；同時，又不惜重金雇請說客，遊說於國會內外，活動於政府各部門之間，同他互相呼應。

在演講中，他援引史實，有根有據地向企業界說明，以前的洛克希德公司、華盛頓地鐵公司和全美五大鋼鐵公司都先後得到過政府的擔保，貸款總額高達四千零九十七億美元。克萊斯勒公司在瀕臨倒閉之際請政府擔保，僅僅是為了申請十億美元的貸款，本來是不該引起人們非議的。

接著，他又向新聞輿論界大聲疾呼：挽救克萊斯勒正是為了維護美國的自由企業制度，保證市場的公平競爭。北美總共只有通用、福特和克萊斯勒三大汽車公司，如果因克萊斯勒破產而僅剩兩家，形成市場壟斷局面，那還有什麼自由競爭可言？

對政府部門，艾科卡則採取不卑不亢的公關策略。他替政府算了一筆賬：如果克萊斯勒現在破產，會造成六十萬工人失業，全國的失業率會因此而提高0.5％，政府第一年便必須為此多支付二十七億美元的失業保險金及其他社會福利開支，而最終又將會使納稅人多支出一百六十億美元來解決種種相關的問題。艾科卡向當時正受財政出現鉅額赤字困擾的美國政府發問：「你是願意

白白支付二十七億美元呢？還是願意出面擔保，幫助克萊斯勒向銀行申請十億美元的貸款呢？」

艾科卡還為每一個國會議員開出一張詳細的清單，上面列有該議員所在選區內所有同克萊斯勒公司有經濟來往的代銷商和供應商的名字，並附有一份一旦公司倒閉將會在該選區內產生什麼樣後果的分析報告。他暗示這些議員，如果因公司倒閉而剝奪你的選民的工作機會的話，對你的仕途是不會有什麼好結果的。

艾科卡的公共關係戰略終於獲得了成功，企業界、新聞界、國會議員都不再反對擔保，美國政府也開始採取積極合作的態度。他終於得到了用於開發新型轎車的十億美元的貸款。

三年後，克萊斯勒公司開始轉虧為盈，第四年便獲得九億多美元的利潤，創造了這家公司有史以來最好的經營紀錄。

艾科卡的成功經歷告訴我們，溝通是何其重要。

⚜ 領導者的語言藝術

卡內基曾和美國最著名的傳記作家塔貝爾小姐一起吃飯。卡內基告訴她自己在寫一本書，於是他們開始討論〈如何為人處世〉這個重要的題目。塔貝爾說，在她為歐文寫傳記的時候，她訪問了一個跟歐文先生在同一間辦公室工作了三年的一個人。這人宣稱，在那段時間內，他從來沒聽見過歐文向任何人下過一次直接命令。他總是建議，而不是命令。例如，歐文從來不說「做這個做那個」，或是「不要做這個不要做那個」。他總是說，「你可以考慮這個」，或「你認為，這樣做可以嗎？」在檢查他某位助手所寫的信時，他總是說：「也許我們把這句話改成這樣會比較好一點。」他總是給別人自己動手的機會，他從不告訴他的助手如何去做事，而讓他們自己去做，讓他們從自己的錯誤中

學習。

約翰尼斯堡一家小工廠的經理麥克先生有機會接了一張大訂單，但他相信他的工廠沒有辦法趕上出貨期。早先接手的訂單已在工廠排滿，而這張訂單所要求的完成時間，短得使他認為不大可能。但他認為這是難得的機會，於是，他決定徵求廠裏員工的意見。

他並沒有催員工加速工作趕這訂單，他召集了大家，對員工解釋這個情形，並對他們說，假如能準時趕出這張訂單，對員工和公司的意義會有多大。

「我們有什麼辦法來完成這張訂單？」

「有沒有人有別的辦法來處理它，使我們能接這張訂單？」

他把問題提了出來，表示要與大家商量。

員工們見他很誠懇，提供了許多意見，堅持要他接下這張訂單。最終，他們用一種「我們能夠辦到」的態度接了這張訂單，並且如期交貨。

是的，領導者具有權威，但你也不要忘了，包括你在內，恐怕都不喜歡聽那些冷冰冰的命令。

如果你能在工作中，多用一種「建議」或「商量」的口吻，比直接下命令，效果可能會更好。

韓克是印第安那州洛威一家卡車經銷商的服務經理，他公司有一個工人，工作每況愈下，但韓克沒有對他吼或威脅開除他，而是把他叫到辦公室，跟他坦誠地交談。

他說：「比爾，你是很棒的技工，在這條生產線上工作了這麼多年，你修的車子也都令顧客滿意，其實，有很多人都讚美你的技術好。可是最近，你完成一件工作的時間卻加長了，而且品質也比不上你以前的表現，是什麼原因使你這樣的呢？有什麼別的困難嗎？如果有，你盡量提出來，大家會幫你的。」

　　比爾回答了他的問題，並承認是自己這段時間沒好好做，以後他保證會做好。

　　從此，比爾更加嚴格要求自己。

Part 5 第五篇

成功從馬上行動開始

第一章：讓夢想為行動插上翅膀

　　有一些人能夠超越飄浮的想，進入有目標、有方向的想，並在周審地想過之後，創造奇蹟。

🏅 有夢想才會有卓越的人生

　　夢想越高，人生就越豐富，達成的成就越卓絕。夢想越低，人生的可塑性越差。也就是慣常說的：「期望值越高，達成期望的可能性越大。」

　　把你的夢想提升起來。它不應該退縮在一個不恰當的位置，接受夢想的牽引吧！

　　一個夢想遠大的人，即使實際做起來沒有達到最終目標，但他實際達到的目標都可能比夢想小的人的最終目標還大。所以，夢想不妨大一點。

　　從前，有兩兄弟，老大想到北極去，而老二只想走到北愛爾蘭。有一天，他倆從牛津城出發。結果兩人都沒有到達目的地，但老大到達了北愛爾蘭，而老二僅僅走到了英格蘭北端。

　　一個根本沒有目標的人更有作為。有句蘇格蘭諺語說：「扯住金製長袍的人，或許可以得到一隻金袖子。」那些志向高遠的人，所取得的成就必定遠遠離開起點。即使你的目標沒有完全實現，你為之付出的努力本身也會讓你受益終生。

　　如果你的夢想是賺一萬美元，那麼你的打算不過是能餬口便成了。如果這就是你的夢想與你工作的原因，請問你工作時會興奮有勁嗎？你會熱情洋溢嗎？

⚜ 想出一個未來的富翁

有一位盲人，以乞討維生，他需要一年四季不停地奔波，才能勉強不餓肚子，他想，這樣下去，等不能動時，那不就餓死了嗎？

一年春天，他來到一個地方，聽到耳邊處處是歡聲笑語，突然來了靈感，寫了這麼一個牌子，春天來了，可是我什麼也看不見……

那一天，他討到了全年的飯錢。

一個青年，在街上擦皮鞋，他熱情地招攬，賣力地擦拭，每天最多能擦三十雙，除去鞋油和吃飯，最後能剩二十元。他琢磨，如果要實現買下對面的那棟樓的願望，至少要五百年，到那時，不僅他已經死去了，就連對面的那棟樓都沒了，這種擦法肯定不行。

一天，他想，假若我組織五百個人擦皮鞋，向他們每人每天收四塊錢，五年後，我不就可以買這棟樓了嗎？於是一個擦鞋公司誕生了。五年後，他果然買下了那棟樓。

一位大學生，在校期間幫人開發程式軟體，他白天上課，課餘研發，一個財務軟體有時一頓飯工夫就能敲定，才能賺三千美元，他想，我若成立一個開發公司，雇上幾百人，豈不財源滾滾？說做就做，二十年後，他果然成了世界上最富的人。

人們都說富翁可以是想出來的，這話確實有它的道理。假若你現在有一個好主意，請不妨一試，因為好主意的價值，頂得上你辛辛苦苦地做上一百天，甚至是一百年。

⚜ 瞬間的思想

有一些人能夠超越飄浮的想，進入有目標、有指向的想，並

在周密地想過之後，創造奇蹟。

　　斐塞司博士悠閒地站在窗前。他似乎在凝望著什麼，思考著什麼。但是從神態看，又好像什麼也沒有思考，就是工作之後漫無目的地遐想，即所謂神遊。

　　四周靜悄悄的，陽光從天空直射下來，照射在窗前的空地上。一隻母貓躺在陽光下。牠懶懶的，很舒展的姿態與四周的寧靜是那樣的吻合。

　　太陽在人們不知不覺之中悄悄移動。樹陰漸漸拉長，漸漸擋住了母貓身上的陽光。當身上的陽光被遮住，母貓醒來了。牠站起來，弓一下腰，不緊不慢地走到有陽光的地方躺下，重新打盹。

　　樹影繼續移動，貓身上的陽光又失去了。這隻貓又站起來，重新走到陽光下。這一切，是那麼自然而然，彷彿一切都事先安排好了，又好像母貓接到陽光的通知似的。

　　這一景象喚起了斐塞司博士的好奇。究竟是什麼引得這隻貓待在陽光下？是光與熱？對，是光與熱。那麼，如果光與熱對貓有益，那對人呢？為什麼不會對人有益？

　　這個念頭在腦子裏一閃。

　　這個一閃的念頭，後來成為了聞名世界的日光治療法的引發點。

　　之後不久，日光治療法在世界上誕生了。

　　如果我們窗前也有這麼一隻睡懶覺的貓，我們也看到牠一次一次向陽光趨近，會想起什麼呢？或許想，這隻貓怎麼還不生小貓？或許想，牠倒是很會享受，你瞧，那姿態有多舒服！或許想，現在的貓不捉老鼠了？給主人養懶了……或許，什麼也沒有想。

　　在睡懶覺的貓面前的泛泛一「想」，其方位與層次竟是這樣

不同。

　　斐塞司由「想」到了貓對光和熱的追尋，進而想到光與熱對人的益處，再與人類的健康事業聯繫在一起。我們呢？只是隨便想想而已。

　　所有的人都會「想」。人的「想」大致有兩種，一種是有思索的目標、有明確指向、能得出明確結論的「想」：另一種是漫無目標、不著邊際的，即所謂飄浮的想。許許多多人幾乎永遠停留於飄浮的「想」，沒有「有指向、有目標」地深透地想過什麼。所以終其一生毫無成就。有的人在許多時候能超越飄浮的想，進入有目標、有指向的想，並在周密地想過之後，創造奇蹟。心理學家說，95％的人總是停留於飄浮的想，只有5％的人能夠進入有目標、有指向的想，所以能夠取得成就的不超過5％。斐塞司醫學博士、諾貝爾獎獲得者觀看一隻睡懶覺的貓所想的，使我們獲得難得的教益和啟發。

🏅 帶著夢想去行動

　　成功者和普通人的區別究竟在那裏呢？成功者在看待家庭、工作、健康和財富時，注重的並不是它們的現狀或外表。他們總是撥開紛繁複雜的表面，看清事物的本質，他們堅持做一件既簡單又意義深遠的事情：他們關注的是生活可能會變成什麼樣子，而不是現在是什麼樣子。他們看到的生活總是符合他們擁有的「我一定會成功」的大思想，他們堅持不懈地為生活付出應該付出的一切，然後生活果真發生了變化，變得越來越美好。

　　不要讓現實限制自己的能力。偉大的建築師、設計家、發明家眼中看到的不是大城市中的貧民窟和那些破舊的建築，而是那些破房子有沒有可能重新建成新的社區；在新環境下，人們怎樣

更好地生活、工作和玩樂。任何企業、學校、學院以及建築……
都是擁有夢想的人最後實現目標的結果。

有意義的生活總是帶著夢想一起踏上征途。每個人都有兩種
視覺——肉眼視覺和心靈視覺。肉眼視覺向我們描述了周圍的事
物，透過眼睛，我們看到花草樹木、獸鳥蟲魚、山川河流、日月
星辰以及其他物質。

心靈視覺不同於肉眼視覺，它使人們具有自己的獨特性，
我們看到的不是事物表面，而是付諸努力後所得到的結果。心靈
視覺是一種設定夢想的能力，它會為我們的未來構建圖景——我
們想要的家、我們希望建立的家庭關係、我們期望的收入、我們
嚮往的旅行或到了一定時候應該獲得的財富。肉眼視覺純屬物質
性，看到的只是現實。心靈視覺則屬於精神性，看到的是潛在的
事物，心靈視覺表現的事物不是可見的。如何利用我們的心靈視
覺設定夢想將決定著我們的成功（成就、影響、滿足感）、財
富（收入、資產、物質生活條件）以及幸福（尊重、歡樂、知
足）。

人們用肉眼看到的事物都差不多。孩子們在小時候都能清晰
地分辨外在事物，例如：山水、人物、建築、星辰。可是人們的
心靈視覺卻截然不同，看不見的東西在人們心中形成的圖像是不
同的。

大部分人眼中的未來都充滿了困難。在工作上，他們眼中的
一生只是從事著普通、收入中等的職業；在人際關係上，他們很
少看到快樂，只看到問題，只感到煩悶；在家中，他們看到的也
只是乏味、枯燥和一堆折磨人的難題。

另一方面，只佔一小部分的成功夢想家眼中的未來則充滿
了挑戰。他們認為工作是獲得進步與豐厚報酬的道路。有創造力
的人認為社會關係將會鼓勵他們、促進他們，他們也能從中得到

快樂。在家中，他們看到興奮、冒險、幸福。他們選擇憧憬美好的、有意義的生活。

　　人生的成功與失敗取決於如何利用我們的心靈視覺，要麼用肉眼去看，要麼用心靈去看。每個人都有力量把我們的生活演變為天堂或地獄，這完全取決於我們自己。認為生活是天堂的人就是勝利者，認為生活是地獄的人就是失敗者。

　　有的人相信幸運和機遇能決定他們的命運。他們認為財富、成功、好的生活就像擲骰子、玩幸運之輪或者是隨便買一張彩票一樣。

　　這太愚蠢了！

　　買彩票贏得一百萬美元的機率不超過百萬分之一。喜歡買彩票的人認為只要投資幾元就可以獲得巨大財富，買彩票或賭博的人只想靠機會或運氣得到錢財。

　　願望不同於夢想。願望具有悲觀性和消極性，只是一種無意義的消遣，不需要付出努力和才智。但是夢想需要制訂行動計劃和獲得結果。

　　吉姆的願望是能獲得提升。可是他從不主動額外加班，也不願意幫助需要幫助的同事。他從不會有這樣的想法：「我們為何不試一試這樣做？」吉姆希望獲得更多報酬的願望會實現嗎？當然不會！

　　瑪麗的願望是成為自己所在的會計師事務所的合夥人之一。可是她擠不出時間到學校進修會計課程。當需要每天工作十二至十四小時時，她也不願意主動留下。她從不會給顧客提出合理避稅的辦法。結果呢？瑪麗的願望永遠也不可能實現。吉姆和蘇珊的願望是擁有屬於自己的成功的企業。可是一到週末，他們倆首先想到的就是娛樂、聚會、旅行、聚餐等，諸如此類的事情佔據了他們的時間。所以他們的願望永遠只能是願望。

　　沒錯吧！人人都有願望。可是夢想家卻會為自己的夢想付諸行動。

第二章：讓危機誘導行動

這個世界上，從來沒有什麼真正的「絕境」。無論黑夜多麼漫長，朝陽總會冉冉升起；無論風雪怎樣肆虐，春風終會緩緩吹拂。而對年輕的我們來說，當挫折接連不斷、失敗如影隨形時，當命運之門一扇接一扇地關閉時，我們永遠也不要懷疑，因為總有一扇窗會為你打開。

☙ 醉漢的行動

行動源於兩點：對快樂的追求和對痛苦的逃避，而逃離恐懼與痛苦的力量更大。一個人不能化心動為行動，只有兩個原因，要麼是對快樂的渴望不夠強烈，要麼是對痛苦的恐懼滋味兒尚未嘗夠。

有個笑話：

一個醉鬼深更半夜跌跌撞撞地往家裏走，可連方向都弄錯了，竟走到一片墓地裏，有一家人明天要給親人送葬，提前挖了個大深坑，醉漢一不留神掉進了坑裏，他費了九牛二虎之力仍然爬不上來。正當他準備稍事休息再往上爬時，突然有人冷不防在他肩上拍了一下，陰陽怪氣地說：「別白費勁了，我試過了，爬不上去的……」這一嚇非同小可，他以為遇到了鬼，噌一下子躍出坑外，撒腿跑了個無影無蹤，原來拍他的那個人也是個掉到坑裏的醉鬼。

你之所以還僅僅只是想成功，是因為現狀還沒把你逼上絕路，你還混得下去，所以你必須讓自己強烈地恐懼你現在的樣子。

決心，強烈的決心，只有你決心改變的心才能幫助你迎向成功。行動就是自己最好的證明。

趕快跑

如果你碰到過危機四伏的人生窘境，下面這則寓言，也許能給你一點啟迪。

有個年輕人，有一天，因心情不好，他走出了家門，漫無目的地到處閒逛，不知不覺間來到了森林深處。在這裏他聽到了婉轉的鳥鳴，看到了美麗的花草，他的心情漸漸好轉，他徜徉在森林裏，感覺著生命的美好與幸福。忽然，他的身邊響起了呼呼的風聲，他回頭一看，嚇得魂飛魄散，原來是一頭兇惡的老虎正張牙舞爪地撲過來。他拔腿就跑，跑到一棵大樹下，看到樹下有個大窟窿，一根粗大的樹藤從樹上深入窟窿裏面，他幾乎不假思索，抓住樹藤就滑了下去，他想，這裏也許是最安全的，能躲過劫難。

他鬆了口氣，雙手緊緊地抓住樹藤，側耳傾聽外邊的動靜，並時不時伸出頭去看看。那隻老虎在四周踱來踱去，久久不肯離去，年輕人懸著的心又緊張起來，他不安地抬起頭來，這一看又叫他吃了一驚，一隻尖牙利齒的松鼠在不停地咬著樹藤，樹藤雖然粗大，可又能經得住松鼠咬多久呢？他下意識地低頭看洞底，真是不得了！洞底盤著四條大蛇，一齊瞪著眼睛，嘴裏吐出長長的舌信。恐懼感從四面八方襲來，他悲觀透了。爬出去有老虎，跳下去有毒蛇，上不得，也下不得，想這麼不上也不下吧，卻有那隻松鼠在咬樹藤，他甚至已經聽到了樹藤被咬之處咯吱咯吱欲斷未斷的響聲。

你也許已經悟出了，這個故事並不是人生的特殊的個例，也

不是人生的具體寫實，而是人生境遇的一個比喻。其實那隻老虎不是別的，是無常的象徵；那隻松鼠是時間的象徵；那四條大蛇是人生無法逃避的生老病死；那根藤就是我們的生命線的象徵。老虎存在於這個世界上是無疑的，正如災害，正如苦惱，正如天外飛來的橫禍。

這些不測總是要來到人間。是來到你面前，還是來到他面前，是碰到一次，還是常常碰到，這也許有一定的偶然性。與生俱來的還有生老病死，這是任何人都無法掙脫的宿命，上至王侯將相，下至販夫走卒，都無法擺脫。無法擺脫的還有時間，從表面來看，時間對生命並不構成威脅，甚至我們還以為它是運載人生的免費列車，可是真正給我們致命一擊的就是時間，時間每時每刻都在嚙咬著我們的生命之藤。

人生就是這麼一個苦窟窿。人被從母體中趕出來，就被驅趕到這個窟窿裏來了，人生在生老病死這個苦境之外，還有許多意想不到的挫折與打擊，也許你常常被苦難緊緊盯住。那麼你怎麼辦呢？

讓我們繼續看完那個年輕人的故事。年輕人想：懸掛不動已不可能，樹藤已不可能讓你懸了；跳下去也絕無生路，那是個死胡同，連逃的地方都沒有；可是外面呢，有花香。年輕人想，難道這是人生的宿命？冥冥之中，他聽到一個聲音在喊：「別怕，跑吧。」於是他不再做多餘的考慮，一步一步向上攀登，他終於爬到了地面，看到那隻老虎在樹下閉目養神（是的，苦難也有閉上眼睛的時候）他抓住這個機會，拔腿狂奔，終於擺脫了老虎，安全回到了家。

也許我們的能力確實有限，也許我們的厄運真的無法擺脫，但是我們用不著絕望，我們逃不脫生老病死，我們逃不脫有限的歲月，但是我們可以逃得脫老虎，逃得脫人生迎面而來的災難。

面對不幸、挫折與打擊，我們可以跑，可以奮鬥。

只有危機意識，才會產生行動的動力。羚羊擺脫獅子追擊的辦法是跑得比獅子還快，這就是生路。所謂生路，就是行動之路。

絕路也是路

世上有險途，但沒有絕路，絕路也是路。

有一位女士，她從服裝學校畢業後的第二年，帶著自己的時裝設計稿來到了巴黎，來到了世界時裝之都。但那些名師們似乎對購買她的草圖毫無興趣。後來有一天，她遇見了一個朋友，朋友那天穿了件非常漂亮的毛線衣，顏色素雅，但針法獨特，煞是好看。

「這是你織的嗎？」她禁不住問。

「不，」朋友回答道，「這是一個當地的婦女織的。」

「針法真不錯。」她繼續說道。

朋友解釋道：「是威迪安夫人織的，她說她是在一個亞美尼亞人家裏學會這種針法的。」

剎那間，一個大膽的計劃在她腦中形成，為什麼不開家自己的服裝店呢？為什麼不在斯恰帕雷利的小店裏自己設計、製作、出售服裝呢？就這麼做，從一件毛線衣開始。

她設計了一個黑白分明的蝴蝶圖案，交給威迪安夫人。

她把衣服織好了，效果相當不錯。她穿著它出席了一個有許多服裝界名人出席的午餐會。讓她高興的是，這件衣服果然引起了注意。紐約一家大型商場的代理商當場就預訂了四十件，兩週內交貨。當她走出大廳時，高興得都有點飄飄然了。

然而，這種高興並沒有維持多久。「織這樣一件就需要差

不多一週的時間，」威迪安夫人說，「兩星期四十件，根本不可能！」

勝利的果實就在眼前卻無法將它們摘到！她滿臉憂傷地離開了。可就在此時，她停了下來，心想一定還有別的方法。

雖然這種針法需要特殊的技巧，但她相信在巴黎一定有其他的亞美尼亞人會這種針法。

她回去向威迪安夫人說了她的想法。威迪安夫人雖不大相信這招能行，但同意幫助她。

她們倆四處打聽在巴黎的亞美尼亞人的下落，終於找到了二十個人。每個人都會這種織法。

兩週後，毛線衣織好了。

第一批出自斯恰帕雷利小屋的時裝登上了去美國的路程。她永遠也不會忘記她的第一次時裝展，那真是一次真正的挑戰啊！那時她正忙著準備她的冬季服裝展示會，可就在節骨眼上，所有的縫紉工都參加了罷工，只剩下一名裁剪師和一個負責縫紉工作室的女工。她心情極度沮喪，那些模特兒、促銷小姐們也一樣參加了罷工。「看來展示會要泡湯了。」她痛苦地想。

她感到既迷茫又苦悶。毫無疑問，她們必須取消展示，否則只能展示那些未完成的服裝。突然間，靈感在她的腦中閃現，為什麼不呢？為什麼不展示那些未完成的作品呢？

世上有險途，但沒有絕路。這是一個怎樣的展示會啊！有些衣服沒有袖子，有些僅有一點，很多還只是雛形，只是用厚棉布做成的樣式。她們把樣圖和布料別在上面，藉由這種方法，人們就知道成衣的顏色和質地了。

總之，那次展示會別具一格。然而就因為它別具一格，反而獲得了巨大的成功。因為她們這種不尋常的展示抓住了公眾的注意力，訂單因此源源不斷。

行動了就會有轉機

我們永遠也不要懷疑，因為總有一扇窗會為你打開。

保羅‧迪克剛剛從祖父手中繼承了美麗的「森林莊園」，一場雷電引發的山火就將其化為灰燼。面對焦黑的樹樁，保羅欲哭無淚。年輕的他不甘心百年基業毀於一旦，決心傾其所有也要修復莊園。於是，他向銀行提交了貸款申請，但銀行卻無情地拒絕了他。接下來，他四處求親告友，依然是一無所獲……

所有可能的辦法全都試過了，保羅始終找不到一條出路，他的心在無盡的黑暗中掙扎。他知道，自己以後再也看不到那鬱鬱蔥蔥的樹林了。為此，他閉門不出，茶飯不思，眼睛熬出了血絲。

一個多月過去了，年已古稀的外祖母獲悉此事，意味深長地對保羅說：「小夥子，莊園成了廢墟並不可怕，可怕的是你的眼睛失去了光澤，一天天地老去。一雙老去的眼睛，怎麼能見到機會呢？」

保羅在外祖母的勸說下，一個人走出了莊園，走上了陌生的街頭。保羅看見一家店舖的門前人頭攢動，他下意識地走了過去。原來，是一些家庭婦女正在排隊購買木炭。那一塊塊躺在紙箱上的木炭忽然讓保羅眼睛一亮，他看到了一線希望。

在接下來的兩個多星期裏，保羅雇了幾名燒炭工，將莊園裏燒焦的樹加工成優質的木炭，分裝成箱，送到集市上的木炭經銷店。結果，木炭被一搶而空，他因此得到了一筆不菲的收入。

不久，他用這筆收入購買了一大批新樹苗，一個新的莊園又初具規模了。幾年以後，「森林莊園」再度綠意盎然。

對年輕的保羅來說，當他擦亮自己的雙眼後，生活的道路便重新展現在他的面前。其實，人生就是這樣，只要胸中還有一線

希望，那麼無論來自外界的不幸是怎樣的沉重，無論源於自身的災難是如何的巨大，腳下總會有一條新的道路。

麥傑是位成功的商人，卻不幸患上了白內障，視力嚴重受損，不要說閱讀寫作，就連駕車外出都極其艱難。與他一同患病的一位病友受不了這種折磨，每天都喝得酩酊大醉，總是對著別人大發雷霆，僅僅過了半年，那位病友便離開了人世。目睹此景，麥傑備感淒涼。因為疾病，他也不得不結束原來的生意，他的生活漸漸陷入了困境。

在那段舉步維艱的日子裏，書給了酷愛閱讀的麥傑很大慰藉。因為患病，麥傑深深體會到視力不良者的不便與需求，他決定尋找一種容易閱讀的字體。

經過差不多一年的研究，麥傑發現在紙上印有粗線條的斜紋字體，不但對視力有障礙的人大有幫助，也能提高一般人的閱讀速度。於是，麥傑把自己僅有的一萬五千元存款從銀行裏取了出來，把這組新研究出來的字體整理妥當，計劃全面推廣。麥傑在加州自設印刷廠，第一部特別印刷而成的書面市了。一個月內，麥傑接到了訂購七十萬本的訂單。

這個世界上，從來沒有什麼真正的「絕境」。無論黑夜多麼漫長，朝陽總會冉冉升起；無論風雪怎樣肆虐，春風終會緩緩吹拂。而對年輕的我們來說，當挫折接連不斷、失敗如影隨形時，當命運之門一扇接一扇地關閉時，我們永遠也不要懷疑，因為總有一扇窗會為你打開。

衝破包裹心靈的繭

如果我們能用心咬破自己構築的外殼，儘管這一過程會很痛苦，但對於生命的重生，實在是一種必須。

　　很小的時候，傑克曾在蠶房裏住過兩年。他熟悉蠶在其生命輪迴過程中每一個隱祕的細節。由黑珍珠一般的卵，到變成胖嘟嘟的蠶兒，到沉睡繭中的蛹，最後羽化成蛾，這個神祕的精靈就完成了一次生命的變異。

　　觀察這樣的過程是需要耐心的。不過，傑克願意等，他始終認為，這樣的等待本身就是詩意的。當可愛的蠶兒吸取了充足的甘草潤澤後，便用生命的絲線織繭而棲，沉沉而睡。生命被無盡期的黑暗覆蓋，深埋於寂靜之中。其實，牠是在做一個堅實的夢，孕育著一次生命的復活。

　　終於，牠咬破自己織成的繭子，出來了，由蛹化蛾，完成了生命本質的飛躍，帶給傑克驚喜的震顫。傑克固執地稱牠為蝶。因為牠讓傑克想到化蝶的傳說。他想，這個細小的生命，牠短暫的沉睡，類似於一次死亡。而當牠痛苦地咬破自己織成的繭，羽化成蝶後，就完成了生命的復活。這個小精靈，在其短暫的一生中是那麼專注於自己的生命，用重生來拒絕死亡，穿越了生死的界限，讓生命得以絢爛。從某種性質上說，牠接近於神話中涅槃的鳳凰。

　　傑克感動於破繭成蝶所帶來的美學意蘊。很多時候，我們看看牠振動透明的薄翼，時而以舞者的姿態翩飛於屋簷下，時而款款行走於牆壁之上。這隻蝶使我們心頭的生命之弦得以穿過虛與實的空間。傑克想，當初牠的沉睡，就是在做著一個蝶夢，一個死亡與生存相連在一起的夢。這個夢既洋溢著古典的氣息，又充滿著生命的哲思。

　　其實在生活中，很多時候，我們就如那小小的蠶兒，經常會陷於一種生存的窒息狀態，或是處於絕望的境地。對於我們個體的生命而言，有時心靈也會結上了一種「繭」。如果我們能用心咬破自己構築的外殼，儘管這一過程會很痛苦，但於生命的重

生，它又實在是一種必須。包括面對死亡，一個能坦然面對死亡的人，也一定能坦然面對生活。

所以破繭成蝶，是人生一種境界，能夠破繭成蝶，就會重獲生命的歡愉和快慰。

❀ 晴天霹靂

只有在處處碰壁的時候，你才能學會人生中最重要的課題。

大多數人總是在遭受「晴天霹靂」之後才會醒悟。為什麼呢？因為不求改變是最不傷腦筋的。所以我們每天都做同樣的事，直到我們碰壁為止。

以健康為例，我們什麼時候才會注意飲食、開始運動呢？當我們百病纏身的時候，當醫生說：「你如果再不改變生活方式，你就死定了！」突然間，我們就有了改變的動機。

在男女關係方面，我們通常什麼時候才對伴侶表示關心？當婚姻亮起紅燈的時候，在家庭面臨破裂的時候！在事業方面，我們什麼時候才肯去嘗試新觀念、做出艱難的決定？當我們沒有錢付賬的時候！我們什麼時候才體會到為顧客服務的重要性？當所有顧客都走光的時候！

只有在處處碰壁的時候，我們才能學會人生最重要的課題。想想看，你一生最大的決定是怎麼敲定的？多半是跌得鼻青臉腫，被人打得頭破血流的時候。那時，你會告訴自己：「我恨透了過苦日子，恨透了被人當皮球一樣踢來踢去，恨透了做一個平庸的人，我一定要出人頭地！」

成功的時候，我們會大肆慶祝，卻沒能從中體會任何事。人都有好逸惡勞的習性，如果不是被環境所迫，多半部只會安於現狀，不求改變。

　　瑪麗被男友阿爾拋棄了，傷心欲絕地在家裏待了一個星期。後來她漸漸和老朋友聯絡，結交新朋友。不久，她搬了家，換了新工作。半年左右，她比以前更快樂和更有自信。回想起來，失去阿爾這個「晴天霹靂」反而成為她這輩子最好的契機。

　　弗雷德被公司解雇了，又找不到其他合適的工作，於是乾脆自己做起小生意。這是他平生第一次當老闆，做自己想做的事。雖然他仍然要面對各種問題，但是他的生活更有意義和更有挑戰性——這一切都是「晴天霹靂」帶來的好處。

　　那麼，人生就是一連串痛苦的「晴天霹靂」嗎？那倒未必，上天通常都是用溫和的警報來提醒我們。當我們面對他的警報置之不理時，祂老人家才會重重地敲下一錘來。因為只有我們拒絕成長時，我們才會感覺到成長痛苦不堪。

　　我們為什麼來到人世呢？也想想看，如果有一項比賽：「請用不超過十五個字回答人生的目標是什麼這個問題。」你會寫什麼呢？「得到一幢房子，裏面應有盡有？」「數百萬，到百慕達度假？」

　　其實，每個人心裏都知道，生命並不止於此。我們知道，「人」才是最重要的——寶馬車和名牌球鞋都不過是點綴而已。但是有時候我們不免走了岔路，被雜務分心——惦記著牛皮沙發椅和新的視聽音響系統。

　　瑪麗安娜‧威廉森談到人臨死前的情景：臨終前的幾小時，當心愛的人圍繞在病榻旁，沒有人會說：「要是我多賺二十萬就好了！」他們通常會說：「好好照顧你媽媽和孩子」……沒有人會說：「記得照顧我的車子。」至於「我們為什麼來到人世」似乎可以回答：「我們來到人世，是為了學習彼此相愛。」是的，其最明晰的結果的確如此。

給自己一個懸崖

一個人要想使自己的人生有所造就，就必須懂得在關鍵時刻把自己帶到人生的懸崖。給自己一個懸崖，其實就是給自己一片蔚藍的天空。

有一個學電子專業的大學生，畢業時被分配到一個讓許多人羨慕的政府機關，做著一份十分輕鬆的工作。

然而時間不長，年輕人就變得鬱鬱寡歡。原來年輕人的工作雖輕鬆，但與所學專業毫無關係，空有一身本事卻無用武之地。他想辭職外出闖天下，但內心深處卻十分留戀眼下這一份穩定又有保障的舒適工作。要知道外面的世界雖然很精彩，可是風險也大呀！經過反覆思量他仍拿不定主意，於是他就將心中的矛盾講給了父親聽。他的父親聽後，給他講了一個故事：

有一個鄉下老人在山裏打柴時，拾到一隻很小的樣子怪怪的鳥。那隻怪鳥和出生剛滿月的小雞一樣大小，也許因為實在太小了，牠還不會飛。老人就將這隻怪鳥帶回家給小孫子玩耍。

老人的小孫子很調皮，他將怪鳥放在小雞群裏，充當母雞的孩子，讓母雞養育著，母雞果然沒有發現這個異類，全權負起一個母親的責任。

怪鳥一天天長大了，後來人們發現那隻怪鳥竟是一隻鷹，人們擔心鷹再長大一些會吃雞。然而從前的擔心是多餘的，那隻鷹一天天長大了，卻始終和雞相處得很和睦。只有當鷹出於本能在天空展翅飛翔再向地面俯衝時，雞群才會引起片刻的恐慌和騷亂。

時間久了，村裏的人們對於這種鷹雞同處的狀況越來越看不慣，如果哪家丟了雞，首先便會懷疑那隻鷹，要知道鷹畢竟是鷹，生來就是要吃雞的。愈來愈不滿的人們一致強烈要求：要麼

殺了那隻鷹，要麼將牠放生，讓牠永遠也別回來。

因為和鷹相處的時間長了，有了感情，這一家人自然捨不得殺牠，他們決定將鷹放生，讓牠回歸大自然。然而他們用了許多辦法，都無法讓那隻鷹重返大自然。他們把鷹帶到村外的田野上，過不了幾天那隻鷹又飛回來了，他們驅趕牠，不讓牠進家門，他們甚至將牠打得遍體鱗傷……許多辦法試過了都不奏效。最後他們終於明白：原來鷹是眷戀牠從小長到大的家園，捨不得那個溫暖舒適的窩。

後來村裏的一位老人說：「把鷹交給我吧，我會讓牠重返藍天，永遠不再回來。」老人將鷹帶到附近一個最陡峭的懸崖絕壁旁，然後將鷹狠狠向懸崖下的深澗扔去，如扔一塊石頭。那隻鷹開始也如石頭般向下墜去，然而快要墜到澗底時，牠只輕輕拍了拍翅膀，就飛向蔚藍的天空。牠越飛越自由舒展，越飛動作越漂亮。這才叫真正的翱翔，藍天才是牠真正的家園呀！牠越飛越高，越飛越遠，漸漸變成了一個小黑點，飛出了人們的視野，永遠地飛走了，再也沒有回來。

聽完父親講的故事，年輕人痛下決心，辭去公職外出闖天下，終於成就了一番事業。

其實我們每個人又何嘗不像那隻鷹一樣，總是對現有的東西不忍放棄，對舒適平穩的生活戀戀不捨呢。

一個人要想使自己的人生有所造就，就必須懂得在關鍵時刻把自己帶到人生的懸崖。給自己一個懸崖，其實就是給自己一片蔚藍的天空啊。

第三章：讓心動變成行動

　　心動不如行動。希望什麼，就主動去爭取，去促成它的發生。我們無法指望別人來實現我們的願望，也不能指望一切都已經成熟，然後輕鬆去摘取果實。永遠不會有這樣的事情發生，我們要徹底打消這樣的念頭。

❀ 行動的重要性

　　有這麼一個小故事：

　　一次，一家公司舉辦一個行銷人員的培訓會議。公司很多行銷人員都來參加了。他們學習了很多東西，快要結束的時候，行銷總監前來作總結。

　　他也沒有多講什麼，最後讓大家都動一下，站起來，看看有什麼發現。全體人員很納悶，但還是陸陸續續地站了起來，莫名其妙地東張西望。不一會兒，有人就大聲地說在桌子下面找到一美元。然後，就不斷地有人說在椅子上、桌子裏、地板上等地方找到了錢。最多的有一百，最少的也有一元。正當大家詫異的時候，這位總監就問大家能否明白其中的意思。沒人能夠回答，但又都很想知道。

　　總監就說了，這其實很簡單，就是想告訴大家，只要你動了起來，就一定會有所收穫，如果你坐著不動的話，就會一無所獲。

❀ 做事要當機立斷

　　「現在」這個詞對成功的妙用無窮，而「明天」、「下個

禮拜」、「以後」、「將來某個時候」或「有一天」，往往就是
「永遠做不到」的同義詞。有很多好計劃沒有實現，就是因為應
該說「我現在就去做，馬上開始」的時候，卻說「我將來有一天
才開始去做」。

我們用儲蓄的例子來說明好了。人人都認為儲蓄是件好事。
雖然它很好，卻並不表示人人都會依據有條理的儲蓄計劃去做。
許多人都想要儲蓄，但只有少數人才真正能做到。

這裏是一對年輕夫婦的儲蓄經過：

畢爾先生每個月的收入是美金一千元，但是每個月的開銷也
要美金一千元，收支剛好相抵。夫婦倆都很想儲蓄，但是往往會
找些理由使他們無法開始。他們說了好幾年：「加薪以後馬上開
始存錢」、「分期付款還清以後就要……」、「度過這次難關以
後就要……」、「下個月就要……」、「明年就要開始存錢」。

最後還是他太太珍妮不想再拖。她對畢爾說：「你好好想想
看，到底要不要存錢？」他說：「當然要啊！但是現在省不下來
呀！」

珍妮這一次下定決心了。她接著說：「我們想要存錢已經想
了好幾年，由於一直認為省不下，才一直沒有儲蓄，從現在開始
要認為我們可以儲蓄。我今天看到一個廣告說，如果每個月存下
一百元，十五年以後就有一萬八千元，外加六千六百元的利息。
廣告中也說，『先存錢再花錢』比『先花錢再存錢』容易得多。
如果你真想儲蓄，就把薪水的10％存起來，不可移作他用。我們
說不定要靠著餅乾和牛奶過到月底，但只要我們真的那麼做，一
定可以辦到。」

他們為了存錢，起先幾個月當然吃盡了苦頭，盡量節省，才
留出這筆預算。現在他們卻覺得「存錢跟花錢一樣有趣」。

想不想寫信給一個朋友？如果想，現在就去寫。有沒有想到

一個對於生意大有幫助的計劃？馬上就去實行。時時刻刻記著班傑明・富蘭克林的話：「今天可以做完的事不要拖到明天。」這也就是俗話所說的：「今日事，今日畢。」

　　如果你時時想到「現在」，就能完成許多事情：如果常想「將來有一天」或「將來什麼時候」，那將一事無成。

　　有一天，珍去拜望一位多年不見的朋友，她剛好開會回來。珍一看到她，就知道她有心事，她的模樣很狼狽。「你看！」她說：「今天開會的目的是改革一個制度，結果呢？我帶了六個人一起去，只有一個人多少發揮了點作用，其他幾個人一點用處也沒有。簡直是一群廢物。我不曉得他們到底在想什麼？」

　　「照理說，他們應該講幾句話才對，這件事畢竟跟他們每個人都有關係啊！」這位朋友在開會時沒有獲得支持。但是，如果散會以後她仍在大廳多待一會兒，一定會聽到她的助理搶著說：「我當時很想說……」、「難道沒有人建議……」、「我不認為……」、「我們應該積極一點……」

　　這些開會時一言不發的人，居然在散會後說話不管用時搶著說。發言的時間過去以後才搶著發言，他們的心理簡直令人難以理解。

　　企業界的主管都迫切需要各式各樣的建議，但是躲在背後不發一言的人，往往會妨礙了他們。設法養成「該說就說」的好習慣。當你勇敢地侃侃而談時，你就會信心大增，勇氣百倍。請你跟著自己的新構想同時進步吧！

心動不如行動

　　成功並不是招手即來的事情，渴望成功的人，必須有決心克服沿途的各種阻礙。這些阻礙遲早都會到來，他必須有毅力，有

恒心，而且，能夠全身心投入自己的目標，這樣才能衝破險阻，到達目標。

現實中有很多人，他們有一些前景非常看好的發明，有的在生意上有一些非常有創意的想法，然而，他們總是遲遲不肯行動，以致最終都被別人搶了先機。不要為自己尋找藉口，我們要從今天開始，從現在開始。不要心理上總對時機有一種依賴感，外界的條件永遠不可能盡善盡美。如果有了目標，需要的就是馬上行動。固執於細節，你將一事無成。

一個人有了創造力，有了智慧和才華，卻不去使用，這可以說是對人的潛能的最大浪費。

不要被困難嚇倒，行動可以使你變得堅強，使你一步步提高。過去的失敗不算什麼，重要的是從失敗中學習。找出你內心真正的渴望，找出你的目標，而後，義無反顧地完成它。不要逃避，不要放棄，要始終如一，堅守目標。要把一切艱難挫折當作使自己更強大、更堅定的機會。

只要你不放棄嘗試，你就永遠不會失敗。要做一個敢於行動的人，要把眼光放到最終的目標上，要自己決定前進的道路上該做什麼，不該做什麼，然後，就把你的熱情、你的活力都投入其中。要心無旁騖，目標集中。

要隨時準備做出艱難的決定，要從日常生活最細小的事情上做起。重要的不是行動有多浩大，而在於是否去行動本身，是否能夠堅持，直到目標完成。不要經受不住各種誘惑，中途放棄。完成了一個目標之後，再接著往下一個目標努力。

事實上，成功的最大阻礙來自於一個人的惰性。如果我們希望控制環境，而不是讓環境控制我們，那麼，就必須克服惰性，必須行動。只有行動才能幫助你實現自己的目標。

心動不如行動。希望什麼，就主動去爭取，去促成它的發

生。我們無法指望別人來實現我們的願望，也不能指望一切都已
經成熟，然後輕鬆去摘取果實。永遠不會有這樣的事情發生，我
們要徹底打消這樣的念頭。

　　如果成功的欲望和夢想促使你下一步準備換一種活法的話，
你應該當機立斷，跨出決定人生軌跡的這一步。優柔寡斷不是商
人的性格，四平八穩不是商人的脾氣，在商界唯有拚才會贏，唯
有搏才會成功。渴望成功者先要做好失敗的準備，因為成功之道
是用失敗的經驗鋪墊的。潮起潮落是商海的自然規律，優勝劣汰
是商海的競爭規則。山窮水盡，背水一戰，常常是商人的必修
「課程」。你做好準備了嗎？尤其是如何面對失敗的心理準備。

　　成功之道從你這一步開始，這是一種信念，沒有這種信念就
不要去闖蕩商海，沒有這種信念也不要去怨天怨人，沒有吃過葡
萄就不要說葡萄就是酸的。二十多年來一批又一批「不安分」的
知識人、文化人勇敢地闖入商界，一些人已經嶄露頭角，儘管他
們清楚未來之路仍然十分艱辛，但他們對於自己最初跨出這一步
的選擇，始終無怨無悔。沒有當初的這一步，人生就不會如此富
有挑戰性，生活就不會如此富有創造性。

❧ 讓行動從今天開始

　　優秀的員工在工作時，是從不講條件的，而是奉行今天就行
動的原則。不要把今天的工作延遲到明天去做，一定要今天的工
作今天來完成，爭取今天完成明天的工作。

　　如果你想要衝破你的人生難關，現在就去做！如果你現在
不去做，你永遠不會有任何進展。如果你現在不去行動，你將永
遠不會有任何行動。沒有任何事情比下定決心、開始行動更有效
果。

有一個古老的說法：「沒有任何想法比這個念頭更有力量，那就是：時候到了！」就我的看法而言，創造出天地萬物的全能上帝不會毫無緣故地賦予你希望、夢想、野心或創意，除非你行動的時機已到！

今天就是行動的那一天！

大多數人只能庸庸碌碌地過一生，並不是因為他們懶惰、愚笨或習慣做錯事；大多數人不成功的原因在於他們沒有做對事情。他們不曉得成功和失敗的分野何在。要達到成功的第一條守則就是：開始行動，向目標前進！而第二條守則是：每天繼續行動，不斷地向前進！

皮魯克斯總結長期為肥胖症患者做諮詢的經驗，得出一條規律：許多肥胖的人會以肥胖為理由，拒絕做某些事。

例如，他們會說，當我瘦下來時，我就可以搭遊艇，或我就可以得到另一份工作，或我將可以搬家，或我就會尋得一份親密關係等等。

他們像是住在一個神祕的叫作「未來幻象島」的地方，在「未來幻象島」上，每件事似乎都可能發生，但實際上卻沒有任何事情會真的實現，因為你永遠都到不了這個地方。

不要等待奇蹟發生才開始實踐你的夢想。今天就開始行動！對肥胖的人來說，每天散散步不是一件多麼大不了的事，但是一旦付諸實行後，這就是一件大成就，何況，散步的確會讓你的體重明顯下降。

除非你開始行動，否則你到不了任何地方，達不到任何目標。趕快行動，否則今日很快就會變成昨日。如果不想悔恨，就趕快行動。行動是消除焦慮的最佳妙方，行動派的人從來不知道煩惱為何物，此時此刻是做任何事情的最佳時刻。

如果你想在一切就緒後再行動，那你會永遠成不了大事。有

機會不去行動，就永遠不能創造有意義的人生。人生不在於有什麼，而在於做什麼。身體力行總是勝過高談闊論，經驗是知識加上行動的成果。若想欣賞遠山的美景，至少得爬上山頂。上帝給了你大麥，但烤成麵包就得靠自己。生命中的每個行動，都是日後扣人心弦的回憶。能者默默耕耘，無能者光說不練。你現在就可以開始行動，朝著理想大步邁進。

　　行動的步驟應該有哪些？把它們一一列出來，然後，開始逐項實行。今天馬上行動！明天也不能懈怠！每天都要持續行動，起步向前走！

　　當你要擴展銷售業績時，你的行動專案就應該包括增加拜訪客戶的次數。如果你只拜訪了幾個客戶，那你就應該再多拜訪幾個，設定每天的目標，並且遵守它。

　　如果你想轉換工作，如果需要接受特殊的職業教育訓練，那麼你就馬上報名去參加，繳學費、買書、上課，並且認真作功課。

　　如果你想學油畫，那你就先找到適合你的老師，購買需要的畫具，然後開始練習作畫。如果你想要旅行，那你現在就開始安排行程，著手規劃。無論你的人生難關是什麼，你今天就可以開始行動，並且堅持不懈！

❀ 現在就去做

　　「種下行動就會收穫習慣；種下習慣便會收穫性格；種下性格便會收穫命運」，心理學家兼哲學家威廉‧詹姆士這麼說。他的意思是：習慣造就一個人，你可以選擇自己的習慣，在使用座右銘時，你可以養成自己希望的任何習慣。

　　在說過「現在就去做」以後，只要一息尚存，就必須身體力

行。無論何時必須行動，「現在就去做」的象徵從你的潛意識來到意識裏時，你就要立刻行動。

請你養成習慣，先從小事上練習「現在就去做」，這樣你很快便會養成一種強而有力的習慣，在緊要關頭或有機會時便會「立刻掌握」。

行動可以改變一個人的態度，使他由消極轉為積極，使原先可能糟糕透頂的一天變成愉快的一天。

總之，如果下定決心立刻去做，往往會激發潛能，往往會使你最渴望的夢想也能實現。

「現在就去做」可以影響你生活中的每一部分，它可以幫助你去做該做而不喜歡做的事；在遭遇令人厭煩的職責時，它可以教你不推脫不延誤，但是這個剎那一旦錯過，很可能就永遠不會再碰到。

請你記牢這句話：「現在就去做！」

🏅 行動的力量

有一次，為了談成一宗出口生意，日本本田公司總裁本田宗一郎在濱松一家餐館招待外國商人。席間，客人進洗手間，不小心竟將自己的假牙掉進了糞池。

本田宗一郎聽說後，跑進廁所二話沒說，脫光衣服，跳進糞池，用木棒打撈，要是用力過猛，假牙就會沉下去，所以得小心翼翼地慢慢打撈。撈了好一陣子，才找到假牙。

打撈起來，沖洗乾淨，並消毒處理後，本田宗一郎首先試了試，然後才拿著它，將它交給了客人。完全絕望了的外國客人感動了、震驚了，宴會廳又沸騰了起來，生意當然也做成了。

本田宗一郎自己率先做最棘手的事、最艱苦的活，親自做示

範，這種無聲的行動，告訴雇員：你們也要這樣做；告訴顧客：
「我們是最值得信賴的合作夥伴。」

第四章：讓機遇催化行動

當機立斷常常可以避免做事情的乏味和無趣。拖延則通常意味著逃避，其結果往往就是不了了之。

◉ 在「關鍵時刻」抓住機遇

每個人的成功故事都取決於某個關鍵時刻，這個時刻一旦猶豫不決或退縮不前，機遇就會失之交臂，再也不會重新出現。

麻薩諸塞州的州長安德魯在一八六一年三月三日給林肯的信中寫道：「我們接到你們的宣言後，就馬上開戰，盡我們的所能，全力以赴。我們相信這樣做是美國和美國人民的意願，我們完全廢棄了所有的繁文縟節。」一八六一年四月十五日那天是星期一，他在上午從華盛頓的軍隊那邊收到電報，而第二個星期天上午九點鐘他就做了這樣的記錄：「所有要求從麻薩諸塞州出動的兵力已經駐紮在華盛頓及札羅要塞附近，或者正在去往保衛首都的路上。」

安德魯州長說：「我的第一個問題是採取什麼行動，如果這個問題得到回答，第二個問題就是下一步該做什麼。」

英國社會改革家喬治‧羅斯金說：「從根本上說，人生的整個青年階段，是一個人個性成型和希望受到指引的階段。青年階段無時無刻不受到命運的擺布，某個時刻一旦過去，指定的工作就永遠無法完成，或者說如果沒有趁熱打鐵，某種任務也許永遠都無法完工。」

拿破崙非常重視「黃金時間」，他知道，每場戰役都有「關鍵時刻」，把握住這一時刻意味著戰爭的勝利，稍有猶豫就會導致災難性的結局。拿破崙說，他之所以能打敗奧地利軍隊是因為

奧地利人不懂得五分鐘的價值。據說,在滑鐵盧企圖擊敗拿破崙的戰役中,那個性命攸關的上午,他自己和格魯希因為晚了五分鐘而慘遭失敗。布呂歇爾按時到達,而格魯希晚了一點。就因為這一小段時間,拿破崙就被送到了聖赫勒拿島上,從而使成千上萬人的命運發生了改變。

有一句家喻戶曉的俗語幾乎可以成為很多人的格言警句,那就是:任何時候都可以做的事情往往永遠都不會有時間去做。

非洲協會想派旅行家利亞德到非洲去,人們問他什麼時候可以出發。他回答說:「明天早上。」當有人問約翰·傑維斯(即後來著名的溫莎公爵),他的船什麼時候可以加入戰鬥,他回答說:「現在。」科林·坎貝爾被任命為駐印軍隊的總指揮,在被問及什麼時候可以派部隊出發時,他毫不遲疑地說:「明天。」

與其費盡心思地把今天可以完成的任務千方百計地拖到明天,還不如用這些精力把工作做完。而任務拖得越久就越難以完成,做事的態度就越是勉強。在心情愉快或熱情高漲時可以完成的工作,被延遲幾天或幾個星期後,就會變成苦不堪言的負擔。在收到信件時沒有馬上回覆,以後再揀起來回信就不那麼容易了。許多大公司都有這樣的制度:所有信件都必須當天回覆。

當機立斷常常可以避免做事情的乏味和無趣。拖延則通常意味著逃避,其結果往往就是不了了之。做事情就像春天播種一樣,如果沒有在適當的季節行動,以後就沒有合適的時機了。無論夏天有多長,也無法使春天被耽擱的事情得以完成。某顆星的運轉即使僅僅晚了一秒,它也會使整個宇宙陷入混亂,後果不堪設想。

「沒有任何時刻像現在這樣重要,」愛爾蘭女作家瑪麗·埃奇沃斯說,「不僅如此,沒有現在這一刻,任何時間都不會存在。沒有任何一種力量或能量不是在現在這一刻發揮著作用。如

果一個人沒有趁著熱情高昂的時候採取果斷的行動，以後他就再也沒有實現這些願望的可能了。所有的希望都會消磨，都會淹沒在日常生活的瑣碎忙碌中，或者會在懶散消沉中流逝。」

🏵 快速行動捕捉機遇

對於比較複雜的局面需要從各方面權衡和考慮，一旦打定主意，就不要懷疑，不要更改，甚至不留退路。

最重要的是：「抓住稍縱即逝的時機做出決定，立即採取行動，馬上進行計劃並付諸實施，透過執行決定來解決問題。」

寶潔公司的創始人之一，威廉‧普羅克特，三十一歲時來到辛辛那提尋找機會。他發現，在這個兩萬五千多人口的城市裏，製造蠟燭的原料非常豐富，但高品質的蠟燭十分缺乏。他小時候曾經在英國的蠟燭作坊工作，懂得怎樣製造高品質的蠟燭。於是他果斷地決定辦一個蠟燭工廠。他說服了自己的連襟，一家小肥皂廠的股東甘布林，合夥辦蠟燭工廠。肥皂工廠在當時是慘澹經營的，因為，除非身上臭不可聞，人們不洗澡，據說，就連英國女王伊麗莎白一世，一年也只洗一次澡，還說：「如果不是因為身分，這一次也可以免掉。」甘布林看到製造蠟燭的大好前景，便毅然退出了肥皂廠。他們倆合夥辦起的蠟燭廠就是將來的寶潔公司。

蠟燭使他們賺了一些錢。但是，當「人越清潔，離上帝越近」的觀念深入人心、洗澡成為時尚、肥皂的需求量大增時，他們又將經營重心轉向了肥皂，並以良好的信譽贏得了市場。

當時，松香是製造肥皂的重要原料，只能從美國南方購買，南北戰爭爆發前，他們預見到松香的供應將會短缺，便大量採購、儲存在庫房裏，結果，當松香的價格上漲十五倍、許多肥皂

廠不得不停產時，寶潔公司仍然正常生產，度過了難關。

　　準確的判斷和及時的決策使寶潔公司始終領先於它所在的行業。在松香、豬油等原料開始匱乏的年代裏，寶潔公司首先投入資金研究製造肥皂的新技術，他們找到了易得的原料和經濟的生產工藝，推出了比舊式肥皂更好、更廉價的產品——「象牙肥皂」。基於對新產品的信心，他們史無前例地投入一萬一千美元的廣告經費，向人們宣傳：「象牙肥皂的純度高達99.44％。」此後在科研、廣告方面，他們總是捷足先登，維持著在清潔劑行業中的領先地位。

　　在任何情形下，都保持清醒的頭腦和正確的判斷力，在別人驚慌失措時仍然保持鎮靜，在別人荒唐不經時仍然知道自己該幹什麼，只有這樣才能成就大事。

　　我們常常看到一些能力平平、業績也不出眾的人擔任著重要的職位，他的很多同事也不能理解。其實確定重要職位的人選時，不光要考察職員的才能，更要考慮他們性格是否沉穩、頭腦是否清醒、對事物的判斷是否準確。

　　這一點也關係到人的意志力。一個頭腦鎮靜的人，遇到困難和挫折時不會輕易動搖。經濟損失、事業失敗、艱難困苦都不能使他失態，事業成功不會使他驕傲輕狂，因此他安身立命的基礎是牢靠的。

　　在任何情況下，做事之前要有所準備、未雨綢繆，免得遇到困難亂了陣腳。當別人慌亂時，你能穩住陣腳就有很大優勢。

　　在社會中，只有遇事不慌、臨危不懼的人才能成就大事，而那些情緒不穩、時常動搖、缺乏自信、遇到危險就躲、遇到困難慌神的人，只能過平庸的生活。

　　在人們心目中，愛迪生首先是一位偉大的發明家，事實上，他還是一位成功的商人，只是被他身上科學的光輝掩蓋著。他從

小就具備敏銳的判斷力。一八六二年春，南北戰爭期間，十五歲的愛迪生在火車上賣報，有戰事消息的報紙都特別好賣，他想：如果能預先知道報紙上登什麼消息，就可以賺一票了。於是他找到排字工人，請求在付印之前看看校樣。四月的一個下午，他看到夏洛伊戰役的慘烈消息，心想：「這可不得了。」

他比平時多買了幾倍的報紙，一個站一個站地叫賣，站臺上的人群彷彿都在翹首盼望這個消息，他從底特律賣到休倫，從五美分賣到一美元，把報紙賣得精光。

那一段時間他敏銳地意識到報紙是大眾急需的東西，消息越新的報紙越受歡迎。坐火車的人尤其需要報紙來消磨時間。他決定自己辦報。按理說這是一項龐大的工作，需要印刷機、新聞記者、編輯和撰稿人，但愛迪生做起來毫無畏懼。他憑一架二手的、用來印功能表的小型印刷機，就做了起來。他獨自包攬了社長、記者、印刷工、發行人和報童的工作，把自己打聽到的鐵路新聞登在這份叫作《先驅者》的小報上：「詹姆斯溪車站的行李長約翰‧羅賓遜昨天摔下站臺，一條腿受傷。」「伯林頓三號機車已進廠大修。」每張賣八美分，平均每天發行四百份，就這樣，愛迪生又實現了一個想法。紐約《先驅報》的名氣竟然傳到了英國，一位叫喬治‧史蒂芬遜的工程師坐這列火車，買了一千份，回國後，在倫敦《泰晤士報》上讚揚它是破天荒在火車上出版的報紙。

成年後，愛迪生在科學上、經濟上都取得了大量的成就，這有賴於他敏銳的判斷力和果斷的行動。當人們都在點煤氣燈時，電燈只是一種理論上的照明設備，愛迪生堅信電燈終將普及，只要它克服壽命不長、成本高的缺陷。他毫不猶豫地投入時間和金錢，改進電燈的性能，降低其成本，同時建立發電站和輸電網。一旦他的研究成果投入使用，就勢不可擋地推廣開了。

　　他研究無聲電影時，大量移民正在擁入美國，很多人聽不懂
英語，無法觀賞戲劇，只好在雜耍場、音樂廳消磨時間。愛迪生
看到無聲電影的巨大市場，便透過技術上、法律上的各種手段壟
斷了影片的生產。

　　如果你有猶豫不決的壞習慣，那麼請你抖擻精神，它在耗掉
你的精力，毀掉你的機會！擊敗這個成功道路上的敵人！不要等
到明天，今天就行動起來吧！試著做出果斷的決定，強迫自己實
行。不管你面對的事情多麼困難，都不要再猶豫。根據你目前的
條件，列出各種可能的選擇，從各個角度考慮和衡量，運用你的
常識和最敏銳的判斷力，迅速做出決定。一旦做出決定，就不要
再後悔，讓它成為最終的決定。不要再改變主意，不要再考慮，
不要重新拿出來討論。要堅定，要迅捷，要大聲向人們宣布，一
切都已經決定了！

第五章：讓行動等於成功

如果事情對你很重要，同時你也很想做到，那建議你現在就開始做，現在就開始行動起來，將你的全部能量都投入到為成功所做的努力中，這樣，結果往往會令你滿意的。最重要的是，不要考慮失敗，不要考慮萬一，只要你行動起來，你就會有收穫。

🎖 及時行動，成功在望

如果你在小事方面也猶豫不決，為難下決心而痛苦，害怕選擇到錯誤的方案，那你就要記著：「猶豫不決幾乎是你能犯的最壞的錯誤。」如果你選擇一項看起來比較好的方案，有信心地宣佈出來，並已全速實行，你所得到的結果，通常都比長期為難於下決定而痛苦要好得多。

某些決定，例如要不要改換工作，明顯的需要多多考慮，而不應該草率決定。但是可以獲得的事實情況已得到了，就可以決定，然後就該停止徘徊於利弊之間，才能把全部精力用於實現這個決心。

至於小的決定—我們每天都會面對到的各種尋常的決定——一般而言，是下得愈快愈好。如果你要拖延到「全部」異議都克服以後才下決定，你就永遠不能做好事情。

成功的人物並不是在問題發生以前，先把它統統消除，而是一旦發生問題時，有勇氣克服種種困難。我們對於一件事情的完美要求必須折衷一下，這樣才不至於陷入行動以前永遠等待的泥沼中。當然最好是有逢山開路、遇水架橋那種大無畏的精神。

當我們決定一件大事時，心裏一定會很矛盾，都會面對到底

要不要做的困擾。下面的實例是一個年輕人的選擇，沒有抱怨，而是立即去做，他終於大獲成功。

傑米先生是個普通的年輕人，大約二十多歲，有太太和小孩，收入並不多。他們全家住在一間小公寓裏，夫婦兩人都渴望有一套自己的新房子。他們希望有較大的活動空間，比較乾淨的環境，小孩有地方玩，同時也增添一份產業。

買房子的確很難，必須有錢支付分期付款的首付款才行。有一天，當他簽下一個月的房租支票時，突然很不耐煩，因為房租跟新房子每月的分期付款差不多。

傑米對太太說：「下個禮拜我們去買一套新房子，你看怎樣？」

「你怎麼突然想到這個？」她說，「開玩笑！我們哪有能力！可能連頭期款都付不起。」

但是他已經下定決心：「跟我們一樣想買一套新房子的夫婦大約有幾十萬，其中只有一半能如願以償，一定是什麼事情使其他人打消了這個念頭。我們一定要想辦法買一套房子。雖然我現在還不知道怎麼湊錢，可是一定要想辦法。」下個禮拜他們真的找到一套兩人都喜歡的居室，樸素大方又實用，首付款是一千兩百美元。現在的問題是如何湊夠一千兩百美元。他知道無法從銀行借到這筆錢，因為這樣會妨害他的信用，使他無法獲得一項關於銷售款項的抵押借款。

可是上天不負有心人，他突然有了一個靈感，為什麼不直接找經銷商談談，向他借私款呢？他真的這麼去做了。經銷商起先很冷淡，由於傑米一再堅持，他終於同意了。他同意傑米把一千兩百美元的借款每月償還一百美元，利息另外計算。現在傑米要做的是，每個月湊出一百美元。夫婦兩個想盡辦法，一個月可以省下二十五美元，還有七十五美元要另外設法籌措。

這時傑米又想到另一個點子。第二天早上他直接跟老闆解釋這件事，他的老闆也很高興他要買房子了。

傑米說：「Ｔ先生（就是老闆），你看，為了買房子，我每個月要多賺七十五元才行。我知道，當你認為我值得加薪時一定會加，可是我現在很想多賺一點錢。公司的某些事情可能在週末做更好，你能不能答應我在週末加班呢？有沒有這個可能呢？」

老闆對於他的誠懇和雄心非常感動，真的找出許多事情讓他在週末工作十小時，他們因此歡歡喜喜地搬進新房子了。

🔹 不行動就不能獲得成功

你希望有一筆巨大的財富，你渴望成功，你甚至想得到別人沒有的東西，可是你行動了嗎？大多數人渾渾噩噩、不思進取，他們毫不吝惜地浪費時間，做起事來拖拖拉拉，這樣的人永遠不會有所作為，可他們又渴望成功，這種矛盾的心理衝突會造就浮躁。儘管成功是急不得的，但如果不立刻行動起來，永遠都不會成功。

每個人都有或有過非常美麗的夢想，只是有的人將夢想變成了現實，而有的人只能永遠與夢想相伴。一個聲音說，我要將成績提高到班級前三名，另一個聲音說，這不可能，我不夠聰明，我條件不好；一個聲音說，我想要考上大學，另一個聲音說，那麼多人要考大學，你競爭不過的；一個聲音說，我想考上研究生，另一個聲音說，你平時成績也不怎麼好，希望太小了，簡直是浪費時間；一個聲音說，我想自己創業，另一個聲音說，你一沒資金，二沒經驗，三沒市場，四沒技術，等等吧，等到有了資金，有了經驗，有了機會，再創業吧……這些聲音聽起來，似曾相識，因為我們都曾有過這樣的內心衝突。是的，我們每個人都

可以擁有美麗的夢想，但並非每個人都能真正實現，因為沒有立刻開始行動。

　　人們常常對那些精力充沛、善於利用時間的人很羨慕。同樣是一雙手，為什麼他們能創造令人羨慕的財富？同樣都有二十四個小時，為什麼他們卻能將這二十四個小時當作四十八個小時來使喚？他們在完成工作的同時還能從容愜意地享受生活；而你，卻只能永遠地拒絕朋友們的邀約，因為一天的工作已經耗乾了你的精力，更加不能忍受的往往是老闆給你的最後期限已經步步緊逼，可是工作卻依然沒有完成。這究竟是為什麼？

　　曾經有一位哲人說過：時間會飛翔，而你卻是駕駛員。不過，時間卻並不能被每個人輕易地控制在手中。因為時間就像潛伏在我們身邊的小偷，它總是在你不留意的瞬間出擊，偷走你那些寶貴的時間。或許，你因為個性上的弱點，成為了時間小偷緊釘不放的對象，它就在你猶疑、斟酌、抱怨的時候悄無聲息地把時間帶走了；又或許你自以為個性圓滿，不應被時間小偷侵襲，可卻整日生活在生死時速中，又無所作為。

　　如果你是個思前想後、猶豫不決的人，那麼，你必須想一想遲疑的後果，既浪費了時間，又增大了壓力。你是否要求事事完美？你是否帶著情緒去做一件你不願做的事？無論前者或後者，都是錯誤的做法。事實上，這樣的行事風格只會延誤工作、降低效率，並且導致你的自信心受損，以及令別人對你失去信任。

　　俗話說：「一懶百病生」。人的許多惡劣品質都是由懶而生的。克服懶惰的唯一辦法就是立刻開始行動，就是不要浪費時間，要珍惜時間、節約時間，今天的事應該今天完成，不要拖到明天。學會將時間據為己有，善於利用時間，一分鐘都不要輕易浪費，會使你的工作更加精彩。

　　如果事情對你很重要，同時你也很想做到，那建議你現在就

開始做，現在就開始行動起來，將你的全部能量都投入到為成功所作的努力中，這樣，結果往往會令你滿意的。最重要的是，不要考慮失敗，不要考慮萬一，只要你行動起來，你就會有收穫。

🎖 行動是成功的開始

一根小小的木樁，一截細細的鍊子，拴得住一頭千斤重的大象，這不荒謬嗎？可這荒謬的場景在印度和秦國隨處可見。那些馴象人，在大象還是小象的時候，就用一條鐵鍊將牠綁在一根小木樁上，無論小象怎麼掙扎都無法掙脫。小象漸漸地就習慣了不掙扎，直到長成了大象，雖然可以輕而易舉地掙脫鍊子，但牠不會再嘗試了。

非洲有種大黃蜂，翅膀很小身體很大，牠們看似普通卻成為眾多科學家們研究的對象，因為根據動力學原理的資料分析，牠們的翅膀大小和體重的比例，應該是不可能飛起來的，但就因為牠們不懂動力學，所以牠們飛了起來！

動物如此，人又何嘗不是呢？我們往往根據自己的經驗去判斷很多事情的結果，而輕視了自己的真實能力和環境的變化。實驗是檢驗一切真理的唯一標準，這句話充分體現了行動的重要性，沒錯！我們以前是失敗過，今天可能還會失敗，但並不代表明天不會成功。

第六章：為行動而實幹

　　常常對自己說：「我要完成它！」以這種態度做事，沒有不成功的道理。

🎖 在實幹精神下行動

　　實幹精神能夠讓一個年輕人實現自己的願望，從芸芸眾生中脫穎而出。

　　如果人們都能全身心投入到自己的工作中去，即便是能力一般的人，也能取得很好的成績，即使那些令人厭煩的人，也會使人改變對他的看法。

　　每一個老闆自然而然地覺得，勤勤懇懇、全神貫注、充滿熱情的員工更有價值。每一次提升對他們都是莫大的鼓勵。這些員工的積極心態也常常感染上司，上司也知道，這樣的下屬在盡力幫助自己，並且對那些喜歡逃避責任的員工也是一種激勵。

　　另一方面，在那些冷漠、粗心大意、懶惰的員工的影響下，領導者自己也覺得壓抑、對工作失去信心，存在一種隨遇而安的心理。因此，他會自覺地與有良好心態的員工在一起，關心他們的生活，對那些不專心工作、開脫責任、不注重實績的員工，有一種本能的排斥心理。

　　對工作的不同態度—或一心一意或三心二意，或充滿熱情或不冷不熱，或專注投入或冷漠隨便——存在於各行各業。有的鞋匠無論是打個補靪還是換一個鞋底，他們都會一針一線地精心縫補。另外一些人截然相反，隨便打一個補靪，根本不管它的外觀，好像自己只是在謀生，根本沒有熱情來關心工作的品質。前一種人熱愛這項工作，不是總想著從修鞋中賺多少錢，而是希望

自己手藝更精，成為當地最好的補鞋匠。

有一些教師常以大師的標準要求自己，在教育生涯中全力以赴，以滿腔愛心、同情心和責任心對待每一位學生，學生也能從他那裏得到教益，成為一生的財富。他們好像要把溫暖的陽光照射到每個同學的心中。教室就像他們的作畫室，而他們是站在畫布前面的大師，全神貫注於自己的創作。

另外一些教師的態度則截然不同，從早晨一開始就對一天的工作覺得厭倦，想到要去給那些愚蠢的學生上課，就膩煩透頂，想著如果哪一天不用上課就自由了。他們的授課既無熱情，也無生氣，反而把不良心態傳染給了學生。

正是富有詩意的心態、愉快樂觀的精神、飽滿的生活熱情，使得自己把枯燥乏味的日常工作，看成是充滿激情與成就感的事業，並身體力行。

「生活中有一條顛撲不破的真理，」英國哲學家約翰·密爾說，「不管是最偉大的道德家，還是最普通的老百姓，都要遵循這一準則，無論世事如何變化，也要堅持這一信念。它就是，在充分考慮到自己的能力和外部條件的前提下，進行各種嘗試，找到最適合自己做的工作，然後集中精力、全力以赴地做下去。」

他把勤奮工作看成是一個人擁有真正生活的保護神。在他去世前幾年，當被請求用一句簡單的話概括生活的準則時，他說：「這條準則可以用一個詞語表達：行動。行動是生活的第一要義；不行動，生命就會變得空虛，就會變得毫無意義，也不會有樂趣。沒有人遊手好閒卻能感受到真正的快樂。對於剛剛跨入社會門檻的年輕人來說，只是三個詞語：行動，行動，行動！」

當一個人喜愛他的工作時，你可以一眼看出來。他非常投入，其表現出來的自發性、創造性、專注和謹慎，十分明顯。而這在那些視工作為應付差事、乏味無聊的人那裏，是根本看不見

的。

　　這樣的情形在辦公室、商店、工廠裏也經常見到。一些職員拖拖沓沓似乎連走路都費很大的勁，讓人覺得，生活彷彿是個沉重負擔。他們討厭自己的工作，希望一切都快些結束，他們根本就不明白，為什麼別人能充滿熱情，幹勁十足，自己卻總是覺得什麼都單調乏味。看著這樣的職員做事，簡直就是受罪。而那些充滿樂觀精神、積極向上的人，總有一股使不完的勁，神情專注，心情愉快，並且主動找事做，期望事業越做越大。

　　作為企業家，愛迪生是實幹型的。二十三歲時他辦工廠，招募了一批工程師、工匠，層出不窮地推出各種電氣發明，這些人都熱愛自己的工作、迷戀自己充滿創造力的頭腦和雙手，都是工作狂，而愛迪生是「總工作狂」。他每天的睡眠時間不到四個小時。他的辦公桌就在工作室一角，每當完成一項發明，他就站起來，跳起非洲大陸的原始舞，嘴裏還唸唸叨叨：「這麼簡單的解決辦法，怎麼原來沒想到。」這已經成了一種標誌、一種信號，工人們一看到老闆跳舞，就圍過來，他們知道又有新鮮事可做了。訂單像雪片一樣飛來，在不斷增加人手的情況下還要日夜開工。工人們沒有抱怨，共同的興趣在他們和愛迪生之間建立了友誼，何況這個不吝惜金錢的老闆經常用金錢獎勵他們。

　　當伊雷爾把開火藥廠的想法告訴父親皮埃爾時，皮埃爾以為他在異想天開，在大家印象中，這孩子從小就是個沉默寡言的書呆子。皮埃爾對伊雷爾的計劃不感興趣，讓他自己解決資金、廠址和其他問題，一切由他自己張羅。隨後，伊雷爾以出色的實幹精神證明自己不是個空想家。他做得井井有條。他被生產世界上最棒的火藥的狂想鼓舞著，專心致志在上面，東奔西走。

　　他手頭的錢不夠，一流的設備都在法國，廠址不知道安在哪裡比較合適，一切都沒有著落，他知道，自己不可能像小時候那

樣用試管和藥匙把火藥生產出來。但他一件事一件事地落實。

　　首先選廠址，為了爭取政府的訂貨，他想在華盛頓附近找地方。但是，經過一番實地考察後，他發現這裏沒有火藥廠需要的激流、森林和花崗岩。在美國轉了一大圈，他終於看中了特拉華州的白蘭地河畔，這裏水流湍急，蘊含著動力，河邊的大片森林是未來的燃料，山上的花崗岩可用於提煉硝石。伊雷爾站在白蘭地河邊，抑制不住內心的激動，大聲喊道：「我找到了！找到了！」就像哥倫布發現新大陸、阿基米德發現浮力定律時那樣叫喊。

　　這裏還有大量廉價的勞動力，無數的法國難民聚居在這裏，要求的報酬比美國人低得多。他還認識了剛剛被法國政府驅逐出境的富翁彼德·皮提，並說服此人入股。就連法國政府也得知了伊雷爾的活動，為了增加火藥來源以便與英國開戰，法國政府火藥局向伊雷爾提供了先進的生產技術和設備，還督促銀行家投資……總之，堅持不懈的努力漸漸把各個環節的設想變成了明確的現實。

　　一八○二年四月，生產火藥的杜邦公司成立了。這只是個開頭，生產和經營中需要解決的問題還很多。伊雷爾親自設計廠房的結構，讓它最大限度地減輕爆炸的可能性；他夜以繼日、廢寢忘食地指揮基建和設備安裝。經過一年緊張的準備工作，火藥廠開工了。由於動力不足，試生產失敗了。當伊雷爾打算在白蘭地河上游修建水壩時，有人正搶著做這件事，這些人想控制火藥廠的動力源，伊雷爾透過法律手段驅逐了他們。又過了一年，火藥才成功地生產出來，它們的品質是上乘的，但它們沒有名氣，被經銷商退了回來。伊雷爾在《華爾街日報》上向整個美國宣傳：特拉華州是個狩獵的好地方，這裏還有杜邦公司的狩獵俱樂部，來這兒打獵的人，都會得到免費的火藥。在一陣宣傳之後，訂單

像雪片般飛來了。

一八〇五年，美國政府將杜邦公司定為軍方火藥的定點生產企業。伊雷爾就這樣掘到了第一桶金。

詩人朗費羅則說：「日常生活看似枯燥乏味卻非常重要，就像時鐘的發條一樣，可以讓鐘擺等速地擺動，讓指標指示正確的時間。當發條失去動力時，鐘擺就會停止，指標也不再前進，時鐘靜靜地躺在那裏，不再有任何價值。」

很多人心存這樣的想法：人人都在命運之神的掌握之中，所以，只要等待好運降臨就行了。這是一個可怕的念頭，對人的天賦、智慧、品格禍害最大的莫過於此。要鼓起勇氣、拿出力量、採取行動。常常對自己說：「我要完成它！」以這種態度做事，沒有不成功的道理。

一百多年前有一位家住羅德島的人，他殫精竭慮，砌了一堵後牆，就像一位大師要創作一幅傑作一樣，其專注程度甚至有過之而無不及。

他翻來覆去地審視著每一塊磚頭，研究這塊磚頭的特點，思考如何把它放在最佳位置。砌好以後，從不同的角度，再細細打量，像一位偉大的雕刻家，欣賞著粗糙的大理石變成的精美塑像，其滿足程度可想而知。他把自己的品格和熱情都傾注到了每一塊石頭上。每年，到他的農莊參觀的人絡繹不絕，他也很樂意解說每一塊石頭的特點以及自己是如何把它們的個性充分展現出來的。

你會問砌一堵後牆有什麼意義呢？這堵圍牆已經存在了一個多世紀，這就是最好的回答。你可以讓兒子繼承萬貫家財，但是你真正給了他什麼呢。你不能把自己的意志、閱歷、力量傳給他；你不能把取得成就時的興奮、成長的快樂和獲取知識的驕傲傳給他；也不可能把經過苦心訓練才得來的嚴謹作風、思維方

法、誠實守信、決斷能力、優雅風度傳給他。

那些隱含在財富之中的技巧、洞察力和深思熟慮，他是不知道的。為了賺得鉅額財富，保住自己高高在上的地位，從而培養出堅強的毅力和苦幹的精神，這都是從實際生活中逐漸鍛鍊和塑造出來的。對於你來說，財富就是閱歷、快樂、專長、紀律和意志。而對於你的繼承人來說，財富則意味著迷惑，可能會讓他更焦慮、更卑微。財富可以幫助你取得更大成功，但對於他來說，則是個大包袱。

是的，如果你為孩子做了任何事，單單忘了教誨他養成勤奮工作的習慣，對他則是最為不幸的事，他會淪為生活的弱者。

我們經常可以看到這樣的悲劇：一位富商把自己的孩子安置在自己開設或自己擔任股東的企業裏，儘管他的孩子毫無領導才能，職位卻高人一等。在這孩子手下做事的員工，都比他盡力，經驗也比他豐富得多。沒有人對他心悅誠服，這使他陷入尷尬的境地，羞愧難當。其實，這個職位應該由一位在商界工作多年、富有經驗、精明能幹的人擔當。

一個人只有靠自己奮鬥、竭盡自己的心智、克服無數的艱辛謀到職位，才算得上真正的光榮，才能獲得別人的信任和尊重。如果你現在的職位並非透過自己的苦幹，而是透過其他方式謀到的，那你做起事來感覺一定不太好。如果是由於父親面子，或其他親友的提攜，在現在的職位上，你一定會覺得工作非常生疏難做，因為這個職位不是你腳踏實地謀得的。

迪恩‧法拉說：「工作是人類與生俱來的權利，至今仍保存完好，它是最有效的心靈滋補劑，是醫治精神疾病的良藥。這從自然界就可以得到體認。一潭死水會逐漸變臭，奔流的小溪會更加清澈。如果沒有狂風暴雨，沒有颶風海嘯，地球上全部是陸地，空氣靜止不動，這樣的世界就毫無生趣。在氣候宜人、四季

溫暖如春的地方，人們十分愜意地享受著生活，自然容易無精打采，甚至對生活產生厭倦。但是，如果他每天要為自己的生計奔波、與大自然做激烈的搏鬥，他就會精神抖擻，經受各種鍛鍊，發展出最強的力量。」

富蘭克林說：「在我們中間，有不少能工巧匠和勞動者，受到了一夜致富的空想的蠱惑，荒廢了自己的本行，幾乎毀了自己和家庭。他們鬼迷心竅地尋找幻想中的寶藏，在樹林和灌木叢中遊蕩，尋找一些記號，半夜裏，他們帶著鐵鍬趕到有希望的地點，神魂顛倒地做著，由於害怕傳說中守護寶藏的厲鬼，他們的每個關節都在發抖。他們刨出一個大坑，挖出幾車土，但是天哪，什麼匣子或鐵罐也沒有！也沒看見盛著西班牙古金幣的水手的箱子！他們以為在行動中出了什麼差錯，說錯了什麼話或違反了什麼清規戒律，讓神靈生氣了，讓寶貝埋得更深了。

「誠實的彼得‧柏克蘭，徒勞地尋找這種寶藏已經很久了……讓他想想，在作坊裏賺的一分一毫正在積少成多，幾天過去就相當於一塊金幣了；也讓費伯想想他釘進去的每顆釘子、刨出的每一片木屑的價值吧。這類想法會讓他們勤勉。其實，他們本有可能在一定時間內致富，卻為了那種可笑的胡思亂想，一天天泡在喬治的酒店裏，和無所事事的星相預言家一起策劃怎麼去尋找那些從來沒有被埋藏的東西，也不管家裏離開了他們這些主心骨怎麼胡亂應付生計，就在三更半夜離開妻子和溫暖的床（假定是在所謂關鍵時刻，無論下雨、落冰雹、下大雪還是颳大風），風風火火地跑去挖那永遠找不到的東西，就算不送命，也把自己弄的狼狽不堪、好些日子不能工作，這是多麼荒唐啊！的確，這是真正無與倫比的傻瓜和瘋子。」

伽斯特縣的亞格里科拉，在把一座大好莊園交給兒子時說：「我的孩子，現在我把一大塊寶貴的土地交給你，我向你保證，

我靠挖掘它而得到了一大堆金子，你不妨也這樣做。但是你得小心，絕不要掘過了一犁深。」

富蘭克林強調實幹精神，而他自己就是一個實幹家。在印刷廠打工時，他迅速、出色地掌握了專業技能，憑實力成為領高薪的工頭。在上班時間他以最高的效率工作，在工餘時間他抓緊時間讀書。他用自己賺的錢買機器設備，籌辦自己的印刷所，並且在競爭中獲勝。從小到大，在印刷所工作、博覽群書、筆耕不輟，使他成為極其嫻熟的印刷技師和出色的寫手。

創業初期，他插手印刷所和報紙的一切事務——撰稿、編輯、策劃廣告、排字、印刷、修理設備……那些簡陋的印刷機難免會出一些故障，他就是通宵達旦地工作也要努力解決故障、按時完成業務。他沒有時間去娛樂場所，沒有時間和人閒聊，沒有時間釣魚打獵，只把少得可憐的閒暇時間用於讀書。

總之，他一直在行動。他在科學上的貢獻是舉世矚目的，如果沒有實幹精神，他無法做出這麼多的貢獻——他揭示了電的本質，提出了「正電」和「負電」的概念，用普羅米修斯式的行動揭開了雷電的祕密，在電學、熱學、數學、海洋學、植物學等方面都有造詣，還發明了避雷針、新式火爐、電輪、雙焦距眼鏡、自動烤肉機、玻璃樂器、高架取書器、新式路燈……一個人身上集中了如此之多的成就，實在令人驚訝。

「每天早晨起床後，」金斯利說，「不管你喜不喜歡，你都得有事做，強迫自己工作並盡最大努力做好，可以培養自控能力、勤奮、意志力等各種美德。在懶惰的人那裏，是沒有這些優點可言的。」

要提升自己的人格、發展自己的個性，最重要的是立即採取行動，去做你想做的事情。如果你缺乏勇氣、忍耐力、魄力、決斷力，那就磨練自己具備這些能力。你應該深信，上帝賦予你一

種神奇的力量，使你能夠改變自己。

第七章：為行動時刻準備著

人們往往將一個人的成功歸功於他的運氣，其實人生充滿機會，成功者能識別它，牢牢地把握它。

成功非關運氣

被動的等待或守株待兔，根本是浪費時間、錯失良機的舉動。而這亦無異於把自己的命運交付給未可知的外力來決定。有許多人終其一生，都在等待一個足以令他成功的機會。而事實上，機會無所不在，重要的在於，當機會出現時，你是否已準備好了。

你想獲得你所想要的東西，還要做到，一旦看準了目標就立即行動，並且要「多走些路」。克里曼特·史東自述的親身經歷可以說明這兩條原則：

一個晚上，我正在墨西哥城訪問弗蘭克和克勞迪婭夫婦。克勞迪婭談到：「我盼望我們在加丁區能夠有一所房子。」（加丁區是這個美麗的城市中最令人嚮往的地方。）

「你們為什麼還沒有呢？」我問。弗蘭克笑著答道：「我們沒有這筆錢。」

「如果你知道你想要什麼，那有什麼關係呢？」我問道，未等回答，我又提出一個問題：「順便說一下，你是否讀過一本激勵自己的勵志書？」

「沒有。」這是回答。

於是我就告訴他們一些人的經歷，這些人知道他們想要什麼，讀了一些勵志書，聽從書中的意見，然後就付諸行動。

我甚至告訴他幾年前我以自己的條件—首次付款為一萬五千

美元的分期付款──購買了一套價值二十萬美元的新房子以及怎樣如期付清的房款。我答應送給他們一冊我推薦的書。弗蘭克和克勞迪婭下了決心。

就在這一年的十二月，當我正在我的書房裏學習時，我接到克勞迪婭打來的電話，她說：「我們剛剛從墨西哥城來到美國，弗蘭克和我所要做的第一件事就是感謝你。」

「感謝我，為什麼？」

「我們感謝你，因為我們在加丁區買了一所新房子。」

幾天後在吃飯時，克勞迪婭解釋道：「在一個星期六的傍晚，弗蘭克和我正在家裏休息。有幾位從美國來的朋友打電話來，要我們用汽車把他們送到加丁區去。」

「恰好那時我們兩個人都相當疲乏。此外，我們在本週早些時候已送過他們到那裏。弗蘭克正準備說『請求原諒』，這時這本書上的一句話閃現於他的心中─多走些路。」

弗蘭克說：「當我用汽車送他們透過這人造的天堂時，我看見了我所夢想的房子，甚至還有我所渴望的游泳池。」

「弗蘭克買了它。」

弗蘭克說：「你可能很想知道：雖然這個房產的價值超過五十萬披索，而我的存款只有五千披索。但我們住在加丁區新居的費用比住在舊居的費用還要少些。」

「這是為什麼呢？」

「唔，我們買了兩套房間，它們在財產上相當於一所房子。我們將其中的一套租了出去，那套房間的租金足以償付整個房產的分期付款。」

這個故事畢竟並不十分驚人。一個家庭買了兩套房間，出租一套房間，自住另一套房間，這是很普通的事情。使人吃驚的是，一個沒有經驗的人只要弄懂並應用某些成功的原則，他就可

以很容易地得到他所想要的東西。

有些人坐等機會，希望好運氣從天而降。而成功者積極準備，一旦機會降臨，便能牢牢地把握。

如果你失業，不要希望差事會自動上門，不要期待政府、工會打電話請你去上班，或期待把你解聘的公司會請你吃回頭草，天下沒有這麼好的事情。

有位年輕人，想發財想得發瘋。

一天，他聽說附近深山裏有位白髮老人，若有緣與他相見，則有求必應，肯定不會空手而歸。

於是，那年輕人便連夜收拾行李，趕上山去。他在那兒苦等了五天，終於見到了那個傳說中的人，他向老者求賜。

老人便告訴他說：「每天清晨，太陽未東升時，你到海邊的沙灘上尋找一粒『心願石』。其他石頭是冷的，而那顆『心願石』卻與眾不同，握在手裏，你會感到很溫暖而且會發光。一旦你尋到那顆『心願石』後，你所祈願的東西就可以實現了！」

每天清晨，那青年人便在海灘上撿拾石頭，發覺不溫暖又不發光的，他便丟下海去。日復一日，月復一月，那青年在沙灘上尋找了大半年，卻始終也沒找到溫暖發光的「心願石」。

有一天，他如往常一樣，在沙灘開始撿石頭。一發覺不是「心願石」，他便丟下海去。一粒、二粒、三粒……突然，「哇」一聲，青年人大哭起來，因為他突然意識到：剛才他習慣性地扔出去的那塊石頭是「溫暖」的——當機會到來時，如果你麻木不仁就會和它失之交臂。

一位老教授退休後，拜訪偏遠山區的學校，傳授教學法與當地老師分享。由於老教授的愛心及和藹可親，使得他到處受到老師及學生的歡迎。

有一次當他結束在山區某學校的拜訪行程，而欲趕赴他處

時，許多學生依依不捨，老教授也不免為之所動。當下答應學生，下次再來時，只要他們能將自己的課桌椅收拾整潔，老教授將送給該名學生一份神祕禮物。

在老教授離去後，每到星期三早上，所有學生一定將自己的桌面收拾乾淨，因為星期三是每個月教授例行會前來拜訪的日子，只是不確定教授會在哪一個星期三來到。

其中有一個學生的想法和其他同學不一樣，他一心想得到教授的禮物留作紀念，生怕教授會臨時在星期三以外的日子突然帶著神祕禮物來到，於是他每天早上都將自己的桌椅收拾整齊。但往往上午收拾妥善的桌面，到了下午又是一片凌亂，這個學生又擔心教授會在下午來到，於是在下午又收拾了一次。想想又覺不安，如果教授在一個小時後出現在教室，仍會看到他的桌面凌亂不堪，便決定每個小時收拾一次。

到最後，他想到，若是教授隨時會到來，仍有可能看到他的桌面不整潔，終於小學生想清楚了，他必須時刻保持自己桌子的整潔，隨時歡迎教授的光臨。

老教授雖然尚未帶著神祕禮物出現，但這個小學生已經得到了另一份奇特的禮物。被動地等待或守株待兔，根本是浪費時間、錯失良機的舉動。而這亦無異於把自己的命運交付給未可知的外力來決定。

有許多人終其一生，都在等待一個足以令他成功的機會。而事實上，機會無所不在，重要的是，當機會出現時，你是否已準備好了。

如故事中小學生給我們的啟示，自己準備妥善，得以迎接機會的到來，是可以循序漸進而習得的。

在過去的歲月中，或許我們一直在等待成功的機會，而耗去了過多的時光，卻等不到機會的出現。從今天起，在等候的同

時，我們可以開始做好準備，讓自己保持在最佳狀態，以便機會出現時，你可以緊緊抓住，不讓它溜過。

人們往往將一個人的成功歸功於他的運氣，其實人生充滿機會，成功者能識別它，牢牢地把握它。

我們相信人生中充滿機會，但我們往往不懂得把握。我們歸功於運氣的成就，有許多其實與運氣完全無關，而應歸功於當機立斷、敢作敢為、見人之未見、堅持不懈。

國家圖書館出版品預行編目資料

引爆成功的資本 / 羅偉明編 . -- 初版 . -- 新北市：
華志文化, 2012.10
面； 公分 . --（心理勵志小百科；12）

ISBN 978-986-5936-16-7（平裝）

1. 成功法

177.2　　　　　　　　　　　　　　　101017189

日K　華志文化事業有限公司

系列／心理勵志小百科 0 1 2

書名／引爆成功的資本

編　　者　羅偉明
執行編輯　林雅婷
美術編輯　黃美惠
文字校對　陳麗鳳
企劃執行　康敏才
總編輯　黃志中
社　　長　楊凱翔
出版者　華志文化事業有限公司
電子信箱　huachihbook@yahoo.com.tw
地　　址　116 台北市文山區興隆路四段九十六巷三弄六號四樓
電　　話　02-22341779

總經銷商　旭昇圖書有限公司
地　　址　235 新北市中和區中山路二段三五二號二樓
電　　話　02-22451480
傳　　真　02-22451479
郵政劃撥　戶名：旭昇圖書有限公司（帳號：12935041）
電子信箱　s1686688@ms31.hinet.net

出版日期　西元二〇一二年十月初版第一刷
售　　價　二八〇元
版權所有　禁止翻印

Printed in Taiwan

崔曉麗醫師養生療法經典著作

18K大開本彩色圖解版

健康養生小百科中醫保健書系

中醫無副作用自然療法大解析

附DVD教學彩色圖解工具書

圖解特效養生36大穴

NT：300（附DVD）

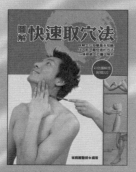

圖解快速取穴法

NT：300（附DVD）

圖解對症手足頭耳按摩

NT：300（附DVD）

圖解刮痧拔罐艾灸養生療法

NT：300（附DVD）

健康養生小百科好書推薦

彩色圖解版

圖解特效養生36大穴
NT：300（附DVD）

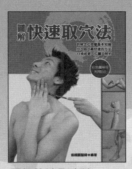

圖解快速取穴法
NT：300（附DVD）

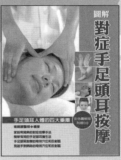

圖解對症手足頭耳按摩
NT：300（附DVD）

圖解刮痧拔罐艾灸養生療法
NT：300（附DVD）

一味中藥補養全家
NT：280

本草綱目食物養生圖鑑
NT：300

選對中藥養好身
NT：300

餐桌上的抗癌食品
NT：280

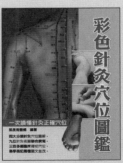

彩色針灸穴位圖鑑
NT：280

心理勵志小百科好書推薦

全世界都在用的80個關鍵思維
NT：280

學會寬容
NT：280

用幽默化解沉默
NT：280

學會包容
NT：280

引爆潛能
NT：280

學會逆向思考
NT：280

全世界都在用的智慧定律
NT：300

人生三思
NT：270

華志文化

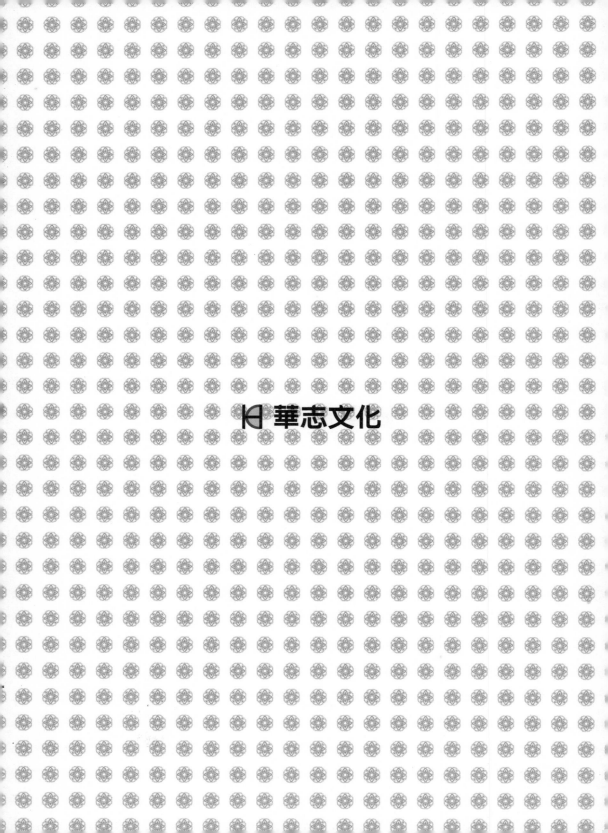